জাদুকরী জোনাকি

দেবজ্যোতি সিংহ রায়

First Published in March 2023

ISBN: 978-93-5741-097-7

BLUEROSE PUBLISHERS

www.BlueRoseONE.com

info@bluerosepublishers.com

+91 8882 898 898

Cover Design:

Muskan Sachdeva

Typographic Design:

Rohit

Distributed by: BlueRose, Amazon, Flipkart

<u>উৎসর্গ</u>

সবার সবচেয়ে প্রিয়
মিস্টু ও মিষ্টির প্রতি।

কৃতজ্ঞতা স্বীকার

নিম্নলিখিত ব্যক্তিদের বিশেষ ধন্যবাদ জ্ঞাপন করছি :

জন্মেঞ্জয় সিংহ রায়

জয়দেব রায়

দয়া সিংহ রায়

দিগ্বিজয় বর্মন

শিউলি সিনহা রায়

সৌভিক সিনহা রায়

ধ্রুবজ্যোতি সিংহ রায়

আপনাদের আন্তরিকতা ও সহযোগীতা ছাড়া এই কবিতা সংকলন সম্ভব হতো না।

পূর্বভাষ

....

প্রথমে সেই জোনাকির সাথে পরিচয় করিয়ে দিই,
   যার সম্পর্কে পুরো বই জুড়ে এত কথা বলা হয়েছে...

যখন সূর্য অস্ত যায় —
যখন রাতের নিদ্রা হারায় —
যখন ব্যাথা আরো বেড়ে যায় —
এ মন খুঁজে পায় তোমায়।
যখন চাঁদও সে মেঘেতে ঢাকা —
যখন ভীষণ লাগে একা —
জোনাকি হয়ে আঁধার সরায়ে —
আসো তুমি ভাবনায়।
তুমি রয়েছ ভালোবাসায় —
তুমি রয়েছ দ্বিচারিতায় —
তুমি রয়েছ হয়ে ন্যায্য বিচার —
নব মানব সভ্যতায়।

   কিছু কথা থাক, পরের কবিতাদের জন্য বাকি—
শুধু মনে রেখো, 'তুমি'-ই সেই জাদুকরী জোনাকি।

তোমার শূন্যতায়

লাল চন্দন

মুক্তি

শুকনো চিঠি

বিধাতা বিমুখে

শুষ্ক বায়ু চারিদিকে বহমান—
বর্জ্যের ভিড়ে আমি একা এক প্রাণ!
কলুষিত ধারার নদী রোজ পিয়াস সারে,
নিস্তার কবে? কেহ বলো বিধাতারে—

শুভ্রের ন্যায় তব গুণ-গান গাহি,
হেথা-সেথা খুঁজি তবু সাক্ষাৎ নাহি!
নাকি জগতের মায়া ছেড়ে সপে দিব মোরে?
তবু প্রভু দেবে বিরাম? কতক আদরে—

আঁখিতে আছে লেগে কবেকার শতঘুম—
অনিদ্রায় কাটে রাত প্রত্যহ নিঝুম,
কি করি আর! দেখে থাকি আঁধারে—
আঁধার কতদূর? কেহ বলতে পারে!

মাঝে মাঝে ভাবি, সকলই ভুলে থাকি,
আঁধারের গায়ে উজ্জ্বল এক তারার ছবি আঁকি,
আর, হঠাৎ সে তারা হয়ে খসে পড়ি কবরে—
তবু, প্রভু দেবে বিরাম? কতক আদরে!

19-06-2020

স্বার্থপর

রাখব না সাজিয়ে গুছিয়ে —
কোনোদিনও আর, এ ছোট্ট কুঁড়ে ঘর আমার;
ফিরে এলে নিজেই জ্বালবে আলো,
স্বার্থপর বোঝে নিজের দরকার!
খামখেয়ালি আশাগুলি তার—
মেটাতে কিছুও চাই না আর,
যেন হয়ে গেছে চিরকালিন—
তার প্রতি অভিমান আমার;
একটুখানি স্বস্তির জন্যে
আজ অন্য ঠোঁটে সে বাসা বেঁধেছে!
ঝড় রাতের আশ্রয় ভুলে সে
কুটিরের চালা ভেঙে দিয়েছে।

31-07-2016

সেদিন সূর্য ওঠেনি

সেদিন সূর্য ওঠেনি আর,
আজও একইভাবে বৃষ্টি হচ্ছে—
পাখির কান্নাভরা পাহাড়!
নিখোঁজ আমার সকল ইচ্ছে!

আমি বিলুপ্তের খাঁদে যাইনি পড়ে,
পঞ্চইন্দ্রিয় প্রতিহত ধরে রাখো!
প্রেমের কাননে গেঁথে মালিকা,
সাথে, মৃত আত্মার ছবি আঁকো।

গৃহকোন থেকে বেরোতেই যেন—
আলোয় দৃষ্টিহীন হল দু-আঁখি!
আঁধারে জ্বলেই ছিল ভালো সে,
উজ্জ্বল সীমান্তে অতি সামান্য — জোনাকি।

সকাল হলেই অচিরে তারা
নিশ্চিন্তে ঘুমোতে যাবে,
এ ছকের খেলায় কেউ জিতবে—
কেউ হেরে গিয়ে মারা পরবে!

29-11-17

মা ও দুই ছেলে

সহজ মায়ের দুই ছেলে —
তাঁদের আবেগ কথা বলে,
সহজ মায়ের দুই ছেলে —
তাঁরা সহজ পথে চলে।

তাঁরা সুশীল, তাঁরা সভ্য,
তাঁরা ভালোর টানে ভালোকে চায়—
মায়ের কোলে স্নেহ বল-এ
চোখে রঙিন স্বপ্নকে বাঁচায়।

বিনা মায়ের দুই ছেলে —
দুজন দুজনার দুই পথে,
বিনা মায়ের দুই ছেলে —
স্বরাজ চালায় যুগের রথে।

তারা ডানপিটে! তারা অসভ্য!
খারাপ হাওয়ায় খারাপ হয়ে—
খারাপ হতে মুখ সরায়ে— কভু,
স্বপ্নের লাগাম কষে ক্লান্ত পায়ে!

তারা চিন্তাশীল, তবে ধৈর্যহীন—
তাদের কোটি টাকা নেশায় ঋণ,
বজ্র রাগে রুদ্র! জেদের ত্রাসে কঠিন!
তারা বেজায় বেড়ে যায় দিন দিন...।।

মাঝির ছেলে

নৌকা-ঘাটে রতন মাঝির
এপার-ওপার বহন ভার,
নায়ের তারই তরী চেপে
দিব্যি দক্ষ ছেলে তার।

একূল বোঝাই সকল বস্তু
ওকূল দ্বারে উতরে যায়,
সস্তা কুমোর স্বল্প মেধায়
ওপারে গিয়ে মূল্য পায়!

হাবা কুমোর, কাঁচা তার হাত—
হাট ধরতেও যে ব্যর্থ নবাব,
নদ পারাপারে সেও পেল
ভাঙা ঘট বেঁচে 'পটু'-র খেতাব!

বিধান পুত্র মাটির মানুষ—
মাটির সাথেই দু-হাত খেলে,
এপার সেরা কুমোর সে সাধন—
ঘাট পায় না মাঝির ছেলে!

শেষ সহায় সে তার বুড়ো বাপটার
কিরূপে ছাড়ে তাই ডিঙার দাঁড়!
মাটি ছুড়ে ফেলে জলের অতলে—
পূর্ণাঙ্গ মাঝি হওয়াই আজ স্বপ্ন তার।

16-02-2018

মধু-বিষ

মৃত্যুর আনন্দে আত্মহারা যেজন—
পাহাড় বক্ষে প্রস্তর প্রণীত, তারই বুঝি ওই বাড়ি;
জীর্ণ শরীর অহংকার তার— কারো হবে কি আর?
অন্ধ চক্ষু আলোর সন্ধানী তৎসত্ত্বেও কার!

দুঃসময় কিরূপ? তা' কি মৃত্যুর অনুরূপ!
যাবার কালে কি যেতে অনুতাপ অনুভূত হয়?
পেয়েও সত্যের হদিস, যে পান করেছে মধু-বিষ—
তার মৃত্যুতে কিসের ভয়!

21-04-2017

ওষুধ

ক্লান্ত, তবে অসুস্থ নই;
ঘুম চায় চোখ সবার সামনে—
ওগো ঘুম, তুমি কোথায় পলাতক!
তোমাকেও কি ওরা বলেছে?
"তোমার স্বর অনেকটা বেড়ে গিয়েছে!"

পরিকল্পনা নিয়ে সাহসীর মতো,
আনি রঙ-বেরঙের ওষুধ কিনে, আর—
এই রামধনুতেই হারাতে চাই!
তাহলে, অকারণ বিরক্ত করবে না, ওরা—
কোনো সত্যকেই মিথ্যে বলবে না,
এ জীবন থেকে সরে গিয়ে জীবন ধারণে!

02-05-2018

শুকনো চিঠি

আজ থেকে শুরু হবে যাত্রা
তুমি-আমি আমরা, এই পৃথিবীর —
সাতশো ত্রিশ দিন চলবো একসাথে
সকাল হবে, হবে বিকেল, রাত কখনো গভীর!

আশা দেব, নেব আলো কিছু —
স্বপ্নের পরিপাটি এভাবেই গড়ে উঠবে,
আমার ভাবনা বিচিত্র শিখা হবে একরাতে —
ভোরের হাওয়ায় শিউলি হয়েও ঝরবে।

গ্রীষ্মে— তোমার শরীর, রাখবো শীতল
বর্ষায় ছাতা ধরবো পাশে,
শরতে পূজার ছুটি, "চলো ঘুরে আসি"—
শীতে উষ্ণতা দেব তোমায়— প্রত্যেক নিঃশ্বাসে!

এভাবেই প্রথম বছর প্রেম নিয়ন্ত্রন, দ্বিতীয়ত রোমন্থন,
দুটি বছর তোমায়-আমায় মিলে কাটবে দারুন!
ঠিক পরের মাসেই রাখি বন্ধন, আমায় করবে নিমন্ত্রন—
ধরো দেশলাই, ফাগুনের আবির বারুদে দিও আগুন!

সে আগুনে পুড়ে যায় যাক! আমার বুক—
শুকনো চিঠি খুলবে যদি, আর এক মুখ!
"মনের মানুষ" পড়শি সেজে বিমুখ যেদিন —
দুটি বছর – মৃত সময় আর 'তুমি'-র চিন্তা মূল্যহীন।।

তুমি জীবন আমার

আমার সূর্য

তুমি আলো-উত্তাপ দাও বলেই
আমার মাঝে প্রানের সঞ্চার—
চঞ্চল হৃদয়ে নানান খেলা!
হাজার সৃষ্টি আর সংস্কৃতির বাহার।

তোমার টানে আমার নদ-নদী,
সাগর কিংবা ছোটো খাল-বিলেও
প্রকাশিত হয় অনুভূতির উত্থান-পতন!
উর্বর হয় সমস্ত স্থল কানন—

তুমি ক্ষীনরূপী হলে, আসে শীতের দিন
আমার অসুখ করে খুব—
হঠাৎ বিস্ময়ে ভয়ে কেঁপে উঠে বুক!
জলবায়ু তখন সর্বত্র উদাসীন।

আমি তাইতো তোমাকে ভালোবেসে—
চিরদিন তোমায় বৃত্ত কেন্দ্রে রেখে চলি,
আর, মনে মনে সদা বলি,
"চলো এক হয়ে যাই সব বাধা নির্বিশেষে—"

অভিকর্ষজ বলের মাত্রা ছাড়িয়ে যাও তুমিও—
আমি আরো কাছে আসতে পারি তবে,
পুড়ে যায় যাক্‌ আমার সব, তোমারই অগ্নির তাপে—
ভালো হবে, সবই মোর সেদিন, তোমাতে মিলে যাবে।
10-09-2018

ভায়োলিন

প্রভাতের উদয়গামী সূর্যকিরণের স্নেহধন্য—
তোমার ভায়োলিন ছুঁয়ে আনুক স্নিগ্ধ আলো,
কচি ঘাসের মাথায় শিশির করুক নৃত্য,
হৃদয়ে সবার শুভ বার্তা দিয়ে যাক— তাই ভালো।

ভালো হবে, তুমি আঙুল ছোঁয়ালে তাতে—
নাইবা থাকলো পড়ে আমার অণুভূতি,
তুমি সকল আসক্তি ভুলে— তারগুলি দিও টেনে,
মনে করে নেবো, তাই হবে ভালোবাসা আমার প্রতি।

সপ্ত সুরের বাধনে, তাতে জুড়ে দেব পুণ্যতা—
লিখে দেব লিপিকামালায় ক্ষমাদানের শক্তি,
এই বাদ্যতালেই ওঠাও খুশির ঝড় সারবেলা—
মুমূর্ষু ব্যাধিগ্রস্ত জনও যেন পেয়ে যায় শুনে মুক্তি।

19-12-2017

ভালোবাসা

তোমাকে দেওয়ার মতো কিছুই নেই প্রায়—
এ কাঙ্গাল প্রেমিকের কাছে,
শুধুমাত্র, বড়ো একটি মন আছে—
অতি যত্ন করে আমি রেখেছি যাকে
বহুদিন থেকে—
তোমার মতো কাউকে কখনো পেলে,
তাকেই দেবো বলে।

যেমন, তুমি আমায়
সকল নিজ স্বার্থ ভুলে ভালোবাসো—
বহুদূরে থেকেও কথায় কথায় কাছে আসো!
আমিও তোমায় বিনিময়ে
দিতে চাই— অমূল্য ভালোবাসা!
জানি, টাকায় কড়িতে এর কোনো মূল্য নেই —
কিন্তু, আমার কবি-রূপের সফলতা তো এখানেই!

29-06-2018

নিবেদিতে

পারি কি একটা অজানা আলোর ছটা হতে?
ছুঁয়ে যেতে চাই, তোমার শীতল শরীরটাকে—
তোমার আদ্য হতে প্রান্তে, একটুও রাখতে চাই আঁধার,
তবে তুমি কি পারবে সামলাতে? এ আলোর তীব্রতাকে!

পারি কি? সাজাতে তোমার চুলগুলি নিয়ে—
স্বপ্নের অশেষ পরিপাটি দিয়ে,
ইচ্ছেগুলির অনেকখানি প্রায়— রাখবো তোমার বেণীতে বেঁধে,
আছে তো এতখানি ধৈর্যের পরিধি? দেব না তো কেঁদে!

মেনে নেবে না তো এ পবিত্র সম্পর্কে— অস্পৃশ্যতাকে!
যদি অনায়াসে পায়ে করি চুম্বন—
নেবে না তো ফিরিয়ে মুখ? যদি ডানা হয়ে যাই —
খোলা পিঠে পারবে তো করে নিতে আমায় ধারণ!

যদি অসহায় এক গ্লাস মদ হয়ে থাকি পড়ে, খুব কম দরে!
আমার এ তিক্ততাকে মৃদু ঢোকে পারবে কি গিলতে?
কাচ হয়ে ভেঙে যাই যদি কভু অজানা দুর্ঘটনায়—
অত্র ভেবে পারবে কি তোমার নরম গালে মাখতে!

উজ্জ্বল হতে চাও— আলো দেবো,
অনন্য হতে চাও— স্বপ্ন দেবো,
উড়ে যেতে চাও— ডানা দেবো,
নিঃশেষ হতে চাও— নিশ্বাস দেবো,
পারি কি নিজেকে নিবেদিতে?

23-11-2018

আজ স্বপ্নের দরকার নেই

আজ স্বপ্নের দরকার নেই —
তাকে ছুটি নিতে বলে দাও,
ওগো, আর দূরে থেকো না!
পাশে এসে সাথে রয়ে যাও—

বৃষ্টি এলো বলে, ঘরের কোনে কি
চিরকাল বন্দি থাকা যায়?
পরো রেইন-কোট, দ্যাখো রাখা আলনায়
আমি আছি বাহিরে, দাড়ায়ে অপেক্ষায়—

এসো হাত ধরে চলি, এ পৃথিবীর পথে
রিম-ঝিম তালে মেতে একান্ত মতে,
আমি-তুমি ভ্রমি, বাকি সকলই ঘরে!
বাস্তব এমনই কিনি কিছু— স্বপ্নের দরে।

আজ ভয়কে ফেলে মনের বাহিরে
চোখ খুলে দাও আমার আলোতে—
প্রেমের রঙিন নিশীথে শুভ্র জ্যোৎস্না বা
হরিৎ রেডিয়ামেও পাবে আমায় আঁধার কালোতে।

07-02-2019

তুমি জীবন আমার

শরৎের প্রারম্ভে বুকে ভরি অসীম স্নেহ, আমি বলি—
"আবেগের আকুলতাকে বাহিরের শীতল বাতাসে হারায়ে,
তোমার প্রতি অঙ্গের সুবাস যত— লয়েছি দিবাস্বপনে,
মম অনুভুতিকে দিয়েছি তব দ্বারে বাড়ায়ে—

রচিনু তোমারে স্ব-হৃদয়াগত ছন্দ-শব্দ মিলায়ে —
তোমার জীবনে প্রাপ্তি যদি আমি, তুমি জীবন আমার।
তুমি জীবন আমার— আমার সকল কর্মে তব যোগ!
আমার চলন! আমার গমন! সুখের ক্রন্দনরোগ!

সারা এ জীবন আমার, তোমারে করিনু অর্পন—
আর যত ইচ্ছে, যত স্বপ্ন মম— সবই হল অতীত!
তোমার সাধনাতেই মগ্ন হতে চাই প্রাণপণ—
তুমিও আজিকে আমাতে সম্পূর্ণ একাত্ম যদি,
আমি বলি, "আমার এ জীবন, তবে সত্যিই জীবন"।।

03-10-2018

অভিমান

হাসি মুখটি দেখতে ভারী মিষ্টি,
কথা বললে মনে হয়, বৃষ্টি হচ্ছে কোথাও—
রাগ করলে সত্যিই ভয় হয়!
যদি, কেরালায় আবার বন্যা হয়ে যায়!

নিয়মমাফিক চললে বোধহয়,
আমিও তখন হয়ে দাঁড়িয়ে থাকবো—
কাশ্মীরের প্রস্তর স্তূপ;
একেবারে নিশ্চুপ! হারিয়ে নিজের স্বরূপ।

তুমি ভালোবেসে ডাকলে—
আবার হয়তো, ওই বিরাট হিমালয়টাও
নেমে এসে টেথিস সাগরে পতিত হবে!
সাগরের স্বপ্নিল ফেনা— তার সব পাপ ধুয়ে দেবে।

06-09-2018

চিন্তামুক্ত, তাই চিন্তিত

কোনো কিছু পরোয়া না করে
তুমি উঠে যেতে পারো অনায়াসে—
পাহাড়ের দুর্গম কোনো পথে,
অথবা অসীম উঁচুতে মাথা ঠেকানো
অবাস্তবের উপর ভর করে থাকা কোনো সিঁড়িতে!
চিন্তামুক্ত তুমি, কারণ- আমি আছি পাশে।

আমি ভুলের পাপে পূর্ণ আঁধারের স্তূপটিকে—
কাচি দিয়ে কাটি আর ছেঁটে দিতে চাই!
নিরেট যন্ত্রের আঘাত ঘোষণা করি—
তৎক্ষনাৎ, তুমি বলে ওঠো— "ছাড়ো এখন, পরে দেখা যাবে"
আমি বলি, আমি তো ক্ষ্যাপা ওগো—
এমন কেনো? তবে তুমিও কি ক্ষেপেছ!

আমার চিন্তা নেই, ধাক্কা খেয়েছি – আঘাত পেয়েছি!
অনেক সয়েছি অবিরত,
নই কঠিন, আমি কোমল তবু—
তুমি চিন্তামুক্ত, তাই চিন্তিত।

07-09-2018

তরী রেখেছি বেঁধে

আমি তাকে লুকায়ে রেখেছি
সারা বিশ্ব হতে অসংযোগে সেধে,
আকুল পিয়াসী স্রোতের নদীতে
তরী রেখেছি বেঁধে।

ব্যাকুল সোহাগে, নিজেকে নিয়োগে
মারণ বানের টানে সে ধায়—
মন্থনে কাঁপি! তবু বাঁধিবারে জপি!
আমি যেন নিরুপায়।

আমি বলি, "ওগো তরী মোর—
ক্রন্দনে কেনো ভাসো?
পালে বুক রেখে, মিছে তুমি হাসো!
মিছে এ পারাপার ভালোবাসো!"

শূন্য গগনে - নির্জন ভুবনে
কেবল, তরী রেখেছি বেঁধে—
যাবে যদি ভুলে! স্রোতের অনুকূলে
দেখো- আমি দিয়েছি কেঁদে।

05-11-2018

এমন যদি হতো

তোমার-আমার এক রাস্তা

এক গন্তব্য হতো যদি,

সময় যদি অমিলও সেখা—

একসময়, হয়েই যেত দেখা।

কোনো গ্রন্থে বা আনুষ্ঠানিক আয়োজনে নয়—

স্বর্গ ছাড়িয়ে প্রান্তর ভূ-ভাগের,

ভেদাভেদ নয় ধর্মের এবং

মর্ত্যেই শাস্তি, মর্ত্যবাসী পাপীদের।

ঈর্ষা নয় – ঘৃণা নয়

হাত বাড়িয়ে ভ্রাতার উদ্ধার,

সকল পৃথিবী জুড়ে একটাই জাতি —

মানব ধর্ম সেখা উন্মেষের আধার!

এমন যদি হতো— ছিঁড়ে সকল বেড়াজাল

সকল সংস্কৃতির পুজো হতো সর্ব্বময়!

দুষ্ট দস্যুও পরিবর্তিত হত সুবোধে ক্রমে—

শহীদের শবটিও হাসতো সেদিন! ভালোবাসার ছোঁয়ায়।

23-10-2020

অজানা

এখন হয়তো আছি আমি ভালোই,
তুমিও ওই অর্ধেক যুবক চাঁদের গায়ে ঘেঁষে—
হয়তো, ভালোই আছো সবার মতো!
তোমার ভাবনারা লুপ্ত যেহেতু অবশেষে।

অবশেষের ঈষৎ স্পষ্ট পূর্বাভাসে
আমি দেখি আমাকে— অনেক দূরে!
তোমার চোখেও ভয় কিছু ধরা পড়ে—
তবে, তারা আবদ্ধ বিরামের সুখী ঘরে।

আমার সময় শেষে হয়তো—
তুমি আমার সকল সহিত পারিচিত সেদিন!
তোমার নতুন কিছু জানার অনুভূতিও হয়ে ক্ষীন—
আমাকে সংজ্ঞা দিয়েই ফেলেছো ‘প্রয়োজনহীন’!

আর কখনো যদি, ঘরের বাইরে থেকে প্রশ্ন আসে —
“আজকাল কেমন আছো?” প্লিজ তুমি কিছু বোলো না,
আমি আগের মতোই দেবো উত্তর— “আছি ভালোই”
কিন্তু ‘আমরা’ শব্দটা হয়ে যাবে তখন সম্পূর্ণ অজানা।

11-10-2018

স্বার্থপর(২)

হয়তো, এমন কিছু শিক্ষা রয়েছে
যা আমি কোনোদিনই শিখতে পারিনি—
শুধু শিখেছি বার বার নিজেকে সান্ত্বনা দিতে,
দুঃখটাকে আশির্বাদের ন্যায় মেনে নিতে।

খোলামেলা আলোচনা হয় নি,
একবারও ভুল সুধরে নেওয়ার হয়নি অবকাশ—
তাই, তারায় ভরা রাত তোমার আজ
আর কালো মেঘেই ফুরোল আমার আকাশ।

আড়ালে আদরও করতে যদি অবসরে
অথবা, অন্য কোনো কারণে জড়িয়ে নিতে আমায়—
ভুলে সব হয়তো, আমিও মনের অজান্তে
পিঠের বেনি হতে নিতাম না দুহাত সরায়!

কিন্তু, যেহেতু অন্ত নির্ধারিত, তোমার পূর্ব সিদ্ধান্তে
বাধ্য আমিও সরে যেতে দূরে, কোনো যমপুরে—
ওই এলো বুঝি ঝড়! ভাঙলো সাধের কুঁড়ে ঘর!
প্রতিকূল পরিবেশে আফসোস ছেড়ে তাই, আমিও স্বার্থপর।

23-02-2021

বিনোদন দিয়ে যাও

কুয়াশাঘেরা জীর্ণ পুরুষ
ধোঁয়াশা আসক্ত তার নিশ্বাস!
বিনোদন দিয়ে যাও— ও মেয়ে!
শুদ্ধ তোমার মন,
পবিত্র তোমার প্রত্যেক অঙ্গ!
সুদৃশ্য পরিপাটি আচার ব্যবহার,
তুমিই একমাত্র বিশ্বাস।

ক্লান্ত যেসব শরীর
পরিশ্রান্ত যাদের মন,
'ধোঁকা!'— বিশ্বাসঘাতকের মারণ আঘাতে
আর অল্পের জন্য হারিয়ে যেত যেসব প্রাণ!
তবে তখনও যা মূল্যবান, —ওহ! বিশুদ্ধ মন
তাঁদের বিনোদন দাও! আধমরাদের বাঁচাও—
তুমিই একমাত্র বাঁচাতে পারো সেসব জীবন।

তারপর, তোমার সাথে শুরু হবে—
তার জীবনের অন্যতম একটা সেরা গল্প!
পবিত্র বিশুদ্ধ গোলাপের কুঁড়িও যাবে ফুটে —
একটা শুভ দিন দেখে সেটাও ঝরে যাবে।
সেদিন থেকে —

"তুমি-আমি" —তে চলবে জীবন,

কতো আলাপ তার— আরো শত আলাপন!

ভ্রমণ-বিনোদন, নিদ্রাকালে মধুর স্বপন!

আমদানি হবে কিছু প্রেম, বিনিময়ে রপ্তানি যাবে কিছু ধন।

তবে, অগত্যা একদিন যখন জানতে পারবে —

কিছুদিন বাদেই সে নতুন হাত ধরবে!

তোমার পুরুষ, স্বনামে নতুন নজির গড়বে!

জীর্ণ ছায়ার সঙ্গী তুমি—

নিরেট আলোয় আকাশ থেকে পড়বে!

তাই, বিনোদন দিয়ে যাও— ও মেয়ে!

পাছে প্রতারিত হয়ে না রয়ে যাও সম্পূর্ণরূপে!

05-10-2019

চন্দ্রিল আলোকে

চন্দ্রিল আলোকে— রাতের মায়ায়, মেঘের ছায়ায়
দেখেছি তোমাকে- ভাসতে ধোঁয়ায়, ধূসর কায়ায়
স্বপ্ন পরিপাটি করে নিয়েছ খাঁটি
আমি বা কোথায়— ভুলেছ কি বন্ধু আমায়!
যাও, যাও গো সে কিনারে —
আমার তরী ডুবেছে ধারায়।

দূর আকাশে, ওই তারার দেশে —
দেখে দুই চোখ আজও তোমারই খোঁজে,
নেই তুমি নেই, মিলে গিয়েছ অশেষেই —
মিছে এ প্রয়াস মম মনও তা বোঝে!
বুঝেও আমি, খুঁজতে পারি আজও কি তোমায়?
ভালোবেসে মৃত সে তারায় —

কিছু থাকে মন, যারা সমান সমান—
মুছে দিয়ে ক্ষোভ, তাঁরা ভাঙে অভিমান।
আবার, থাকে কিছু প্রেম তাঁরা সমান্তরাল—
ভাঙে তাঁরা মন, ভালোবাসা করে ম্লান!
অবশেষে মিলে শুধু ধোঁয়ায় বাতাস— সাথে পরিহাস!
নিয়তির কি নেই অবকাশ?

দূরে ডাকলো সে জোনাকি—
কোনো জাদুঘর ক্রমে বাঁধবে নাকি!
শুনি, বললো সে জোনাকি—
হারিয়ে স্মৃতির ভিড়ে, প্রেম দিয়েছে ফাঁকি।

তোমার শূন্যতায়

জবরদস্তি

নিয়ম মতো, আজও কোনো
অজানা বনের পথ ধরে হেঁটেছি—
ঈষৎ স্পষ্ট আলোয় অথবা
বনহীনতায় বিম্নতা পেরিয়েছি!
তারপর, এক খোলামেলা প্রান্তর—
যার দু-দিকে দুর্ভেদ্য কুয়াশা!
আমার চলার গতিও কিছুটা মন্থর—
হয়তো, এবার মিটেছে আশা!

প্রথম দেখাতেই তাকে যেন, মন—
ভালোবেসে ফেলেছে!
গোলাপ ওষ্ঠ – নক্ষত্র নয়ন!
ঝর্ণার ধারা যেন, কেশ বেয়ে নেমেছে!
বারংবার মিনতিতেও মানে নি,
"তবে, সে কি আমায় বুঝতে পারে নি!"
শেষে, তীব্র জোরে গলা ধরে—
খাঁচায় ভরে এনে, রাখি তারে ঘরে।
একটানা, একদৃষ্টিতে, দেখতে থাকি—
সে পাখি কখনো কাঁদে! কখনো হাসে!
কি করে শুধাই তারে! সকল পলক পড়ে—
তারই ছবি, অন্তরে নিরন্তর ভাসে!

তারপর, বেলাশেষে ঘুমের ঘোর—
দুঃস্বপ্নে ঘিরেছে আমায় একঝাঁক কুয়াশা!
আরো শক্ত হয়ে আসে দুপায়ে বাঁধা নিগড়!
"হয়তো এবার মিটেছে আশা"।।

27-12-2021

অনেক কিছু মনে পড়ে যাওয়া

কোনো একদিন ভেঙেছে স্বপ্ন এভাবেই—
আজও ভেঙেছে যেমন,
আধো রাতেই জেগে উঠেছে চোখ!
শুষ্ক কিছু তা এখন।

মনে করতে চাইলেই— সব মনে পড়ে না,
কিছু স্মৃতি অগোচরেই বাসা বাঁধে মনে,
আলাপ – বিলাপ কতো হয় রোজ—
জীবন করে আপন কিছু, বেঁধে মায়ার বাঁধনে।

তারপর, কখনো গায়ে এসে ছুঁলো যদি
ভোরের হিমেল হাওয়া—
রুক্ষ-শক্ত মনের সীমানা ভেঙে, আমার
অনেক কিছু মনে পড়ে যাওয়া—

তরঙ্গ উচ্ছাসের ওই কালো ডোবাটির মতো
আমার দু-চোখেও ছিল কিছু জল,
দুঃখে ঝরে যায়, সুখেও বয়ে ধায়—
স্রোতসিনী নদ যেন সর্বদাই অতল!

বেগ বেড়ে আর বুঝি— ভাঙে বুক ঝড়ে!
শ্বাস রোধে কষ্ট তীব্রতর হয়—
ঘাঁটি বানায় জীবন, সান্তনার বন্দরে— তখন,
শ্রান্ত চোখ অজানা সমুদ্রে হারায়।

03-11-2022

আজ শুধু সময় কিনেছিলাম

লেশমাত্র নেই আমার চিন্তার

শুধুমাত্র চলার স্রোতে চললাম—

বুঝি, মূল্য ফিরিয়ে দেওয়ার জন্যই!

আজ শুধু সময় কিনেছিলাম।

পাথরের ন্যায় পড়ে থাকা পাহাড়ের—

তবু সূর্যোদয় দেখা হয় নি!

সর্পের সাথে শীতঘুম কাটলো—

পরে কর্মে তার রূপ দিতে পারিনি!

চিরকালের চিন্তাদের চিরঘুমের দিয়ে সন্ধান

সাগরের জলে ভাসালাম তার নাম,

মনি মুক্তোর লোভী হার্মাদ হব কোনোদিন—

আজ শুধু সময় কিনেছিলাম।

শুধু সময় কিনে এ ভবে আসা

নিছক ভ্রমণ সরূপও আর হল না!

পৃথিবীর তরে কিছু কালো-নীল কালি, আর—

জীবনের তরে শুধু অশেষ ছলনা।

04-12-2017

তোমার শূন্যতায়

দু-কূলের মাঝে শেষে আজ
খুঁজে বেড়াই নির্দিষ্ট একটি উত্তর—
নিলে অবস্থান আমারই মাঝে?
নাকি, অন্যত্র উদয় হয়ে জাগালে নতুন প্রহর!

অনন্ত নিশ্চুপতার সাথে করিলে সাথী বন্ধুত্ব —
বিশৃঙ্খল পথের ধাঁধা, আমার আরো উঁচু করে যায় মাথা!
আড় চোখে দৃষ্টি দিয়ে, সে নেয় চাতুর্যের কৃতিত্ব!
যেন বোঝে না কি কারণে এ আমার ব্যার্থতা!

সবই পরিবর্তনশীল শুধু এ দুরাবস্থা ব্যতিরেকে,
সর্বদা শুধু তোমার শূন্যতায় ঝড় চলে মনের গহীনে!
ঝড়ের সব হাওয়াই আঘাত হানে, প্রশ্ন তুলে—
"মিলিব কিনা আর তোমার সনে"!

তবুও ঈষৎ স্বচ্ছ সাঁজের আঁধারে
কোথাও যদি হঠাৎ সঙ্গ পেয়ে যাই তোমার—
আবছা দৃশ্যেই তখন নিজেকে হারিয়ে দিই,
খুঁজে পাই সব ঝড়ের মাঝে নিস্তার!

গভীর থেকে আরো গভীর হয়ে আসে রাত
ঘন কালির চাদর মুড়ে নেয় নিমেষেই—
সর্বোচ্চ চেষ্টাতেও রোমন্থন করতে না পেরে,
অবশেষে চেয়ে দেখি— তুমি আর নেই।

17-10-2014

সবচেয়ে বেশী একা

ভাগ্যে তাহার কি বা আছে!
যার গণিতেই ভাগফল নেই,
অসুস্থ যে, সে-ই হয়তো বোঝে —
জীবনকে বোঝে ওষুধের দামেই!

বৃহৎ খণ্ডে এসে দেখি যেন
আমার প্রতি কোনো কারো কত দান!
কিছু সূচিভরা অকারণ সম্মান —
আসলে, শূন্যতেই যার মান।

নতুন সমুদ্রে তোলে ঢেউ আজি—
"তুমি করেছ সকলই পাপে পূর্ণ"!
কোনোদিন যে আমারই পুণ্যে গড়িল,
যাকে করিল সৃষ্টি, আমার অশ্রুবারি চূর্ণ।

আজ কূলে কোনোদিকে নেই কেউ!
কোথা পারিচিত সাখীদের গাঢ় ছায়া!
যাহা দেখেছি করেছি নিকট, চাহিদার তরে—
শুধুই ছিল যে তারা চোখের আড়ালে মায়া!

নিজ অত্যয়ে হয়ত আজিকে
ব্যাথাদের আপন করে নিতে শেখা,
নির্ঘুম ক্লান্ত নিশিতে আজ বুঝি—
আমি পৃথিবীর সবচেয়ে বেশী একা!

05-01-17

তুমি আছো

আমি জানি তুমি আছো
সম্পূর্ণরূপে কেবলমাত্র আমার পাশে,
তোমার স্পর্শ নেই তবে, তবু—
তোমার প্রবল অনুভূতি রয়েছে কাছে!

সর্বদা তুমি দূরে আড়াল হয়েও যদি
ভালোবাসো আমায় মুক্ত বাতাসে—
আমি প্রেম কুড়িয়ে নায়ের পালে দেব বেগ,
তুমি আছো যেন মোর সকল প্রয়াসে!

আর যদি নাইবা হল পাওয়া কভু—
ভুলে সব অচেনা হল আজ!
তবু, তুমি থাকবে সেদিনও হৃদয়ে
সর্বোচ্চ কঠিন আঘাতের ক্ষত হয়ে—

হঠাৎ কোনোদিন দেখা যদি হল,
আবার বলব— "তুমি আছো আজও"।

28-05-2018

বিপরীত কোন থেকে

কখনো ছেয়ে আছো আকাশ জুড়ে
কখনো কালো মেঘে রয়েছ ঢেকে,
এক কোনে প্রাণ বায়ুর প্রশ্বাসে—
সিগারেট পুড়ে নিঃশ্বাসে বিপরীত কোন থেকে।

কাছে তুমি কোনো রাতে,
কোনোদিন বহু আলোকবর্ষ দূরেতে—
সুচেতা প্রাণের প্রেরণা ওবেলা!
এবেলা এক লয়ে নিরাশার সুরেতে।

প্রতিফলিত তুমি যখন বিশ্বাসে
সকল ছিল উদার আমার, তোমার স্বপন এঁকে—
এক কোনে দেখেছি দুজনায় প্রেমদোলায়,
খামখেয়ালিপনার পেলাম সন্ধান, বিপরীত কোন থেকে!

তাই, বন্ধ করেছি ভুয়োর ভাবাভাবি,
লালসা ছড়িয়ে জীবনের অন্তিম সীমানায় যার!
করেছি মিথ্যে দৃষ্টিকোনের উৎসাদন—
জমিয়ে আড্ডা দেই অভিত্ত ক্লান্তির সাথে, আর
যেখানে রসিকতা-বিলাসিতা ছাড়িয়ে সর্বত্র গুরুত্ব পায়—
বিপরীত কোন থেকে সকল সত্যের উদঘাটন।

23-05-2017

আমার কথা যত

কথায় কথায় বলা কথা
কথা এ কম নয়,
সব কথার থেকে বড়ো কথা—
আরোও কিছু কথা বলার ছিল যে কথা!

কথার মাঝে বলার ছিল এ কথা —
ভালোবেসে জানাতে— 'ভালোবাসি'
তোমাকে চাই ফের তোমারই মতো করে—
কাছে থেকেও আরো কাছে তোমার আসি।

আশায় আশায় আশা বাঁধি
বাঁধি বাঁধন ছিঁড়ে আসার আশা—
মন করে, কিছু মনন আবার মনে সাধি
কিন্তু শুধু আশায়, কি যায় ওগো আসা!

জলের মতো জল গড়ে যায়—
নদীর দেশে তারা দাসের মতো!
চক্রাকার চলার চলন জলের,
ঠিক আমার কথা যত—
"আজ এখানে— তো কাল ওখানে"।

07-03-2017

এইতো আবার হল দেখা

কত দূরে গিয়েছিলাম ছাড়ি—
একাকী কত পথের পাড়ি!
আমার পাশে একদিন তোমার ছায়ারেখা—
এইতো আবার হল দেখা!

তরী নিয়ে বয়ে যাই স্রোতে—
যে স্রোতে মিলেছে হারানো প্রবাহ,
যে প্রবাহ কোনোদিন, কোনো আশায় ভেসেছিল—
আজ শুধু ভাসে তারই উশৃঙ্খল চক্রব্যূহ!

হাতের বাঁশি ঘুম কেড়ে নিত কারো
কারো ঘুম হয়ে হয়ে চোখেতে নেমেছিল কত সুর—
আজিকের বিষন্ন সুরের বিষের বাঁশির
কভুবা নামে তার, স্থান ছিল মধু'র!

না গো না! চিরকাল দূরে থেকো না!
তৎপর হয়ে দিগন্ত ছুঁয়ে দিওনা!
আমার পাশে একদিন আবার তুমিই রবে—
দেখবে একসুরের প্রবাহে, আবার একদিন বয়ে যাবে।

12-08-2016

দুর্নিবার

কিভাবে কেউ বেঁচে থাকে?
নিশ্বাস কেড়ে নিলে,
কিভাবে কেউ স্বপ্ন দেখে?
ইচ্ছে জলাঞ্জলি দিলে।

কিভাবে সময় চলে যায়—
যখন কেউ প্রত্যাশার মোহে অবিচল মগ্ন,
কিভাবে কারো চাহিদা বদলে আসে রোজ?
আমি তো চিরদিনই তোমাতে বুনেছি স্বপ্ন!

ওই মহাকাশ কি জানে?
যে সে সবচেয়ে বড়ো নয়—
তার চেয়েও বড়ো আমার প্রেম!
মহত্তম প্রেমের সমন্বয়।

ছেড়ে গিয়েছ কবেই, ভুলেও ফেলেছ আমায় সবে
নতুন উত্তাপের নিশ্বাস ঠোঁটের ফাঁকে নিয়েছ,
নতুন চাহিদা, পরিবর্তিত স্বপ্নের মানুষ আঙুলের ফাঁকে—
সেই কবেই আমাকে মন থেকে নিঃশেষ করেছ!
কিন্তু তুমি ভয় কোরো না, চিন্তা কোরো না ওগো—
সীমিত সময়ে তুমিই ঠিক, আমিই ভুল এবারও;

হাসি রেখো ঠোঁটে, অভ্যাস রেখো ভালোবাসার—

জানো তো? ভালোবাসা মানে না সীমাবদ্ধতা,

হোক না বছর হাজার, আমার অপেক্ষাও দুর্নিবার।।

19-10-2019

মর্মান্তিক যুদ্ধের আগে

সকল বেদনা বক্ষে লয়ে আজি—
সারা নিশি জাগিতে কি চাও?
ভ্রম বিলাসে নতজানু যদি,
তুমি নিজ প্রিয়ের স্মরণে যাও—

আমি কহি, কোখায় কেহ
বিলম্ব করে বেলা কাহারো প্রতি!
তবে, ভাবনার দ্বারে দাঁড়ায়ে অপেক্ষাতে—
সাড়া দেয় কি করে তব সুপ্তি!

আমি কহি, সকল বিশ্বের স্নেহ
কোণঠাসা হয়ে নেইতো কোনোখানে—
ডাকের জোরেই মাত্র ঘুম আসে না ওগো!
আঙুলে সময় গোনার নেই তো কোনো মানে!

তেমন কিছু ভালো অবস্থা জীবনের
আমারও নেই যে তোমার মতো—
অবশিষ্ট কিছু মানের জোরে
শুধু নিশান মুছি, ও'যে ভীষণ ক্ষত!

মর্মান্তিক যুদ্ধের আগে মনে পড়ে যাও—
যখন একেবারে সরে যাওয়ার ভয় হয়!
সম্ভাবনা তত্ত্বের শিবিরেই শুধু
না, তার কিছুটাও আগে একদমই নয়।

02-03-2017

শেষবেলা

যে মাটিতে দাঁড়িয়ে আমি
সরে যাবে একদিন তার পুরোটাই!
পাতালের গহ্বর হয়তো টেনে নেবে—
নয়তো, উড়ে যাবে শরীরের সব ছাই।

একদিন এই শান্তির গভীর বনেও
লাগবে আগুন, পুড়ে যাবে বাতাস,
মুছে যাবে আলো-আধারির নিকেতন;
রয়ে যাবে যত মৃত আঁশ।

অতল সমুদ্রেও তল খুঁজে পাবে কম্পন—
জলোচ্ছাসে ভেসে যাবে প্রেমের বন্দর,
লক্ষ সরস স্বপ্ন হবে মরুভূমি, দেখো—
অসময় বর্ষা ভেজাবে শুকনো পাথর।

অকারণে, আমি কাঁটাতার পেরিয়ে—
পৌঁছে যাবো মৃত্যুর সীমানা,
প্লিজ সব কথা বলে দিও মুখ ফুটে—
শেষবেলা নির্বাক হয়ে থেকো না।

21-04-2019

মৃত্যু

ধরণীকে খুব কাছে থেকে দেখতে—
নিয়েছি জন্ম, আমি নিয়েছি শ্বাস-বাতাস,
সুধী আমি— সুন্দর জগৎ মায়ায়
কেনো তবে চিরদিনের জন্য অবকাশ!

কেনো চলে যাওয়া ছেড়ে সব চেনা সুখ—
কেনো সমাপ্তির তরে সকলই হয় নাশ!
অবিনশ্বর যদি শক্তি এ প্রাণের, তবে কি—
আসা যাওয়াতেই প্রাণকুল মহাশক্তির দাস!

আমি ভালোবাসি তোমায় জীবন—
ছেড়ে যেওনা তুমি আমায় কখনও!
যেতে চাই না আমিও, সঠিক এ কথা—
তুমি সবার ঊর্ধ্বে অতুলনীয়।

এই যে ছায়া সুনিবিড় চেনা প্রান্তগুলি
মাঠে পরিচিত রাখালের আনাগোনা—
চার দেওয়ালের সুখী ছোটো ঘর সংসার,
মিছে হল কি শেষে সকল চেতনা!

তবে, নিস্তব্ধ সংশয়ে দেখি
বুঝি বেড়ে যায়— অভিজ্ঞতা চয়নের ইচ্ছে প্রতিনিয়ত!
সকল কৃষ্টি অভিজ্ঞ মানব জীবনেও যেন —
অসম্পূর্ণ থেকে যায় এ জীবন মৃত্যু ব্যতিত।

28-04-2018

অলীক চিন্তা

আজি রাখিবারে চাই কিছু
অবশিষ্টাংশ এ জীবনের প্রান্তভাগে—
ধাবন আপনার অপ্রয়োজন প্রহেলিকা পিছু,
চঞ্চল চিত্ত আজি সব যেন নিভৃত রাখিতে মাগে।

অসীম নীলাকাশের কালো শয়ন বিঘ্নিত করিয়া
সীমার রেখা উদ্দেশ করিতে আর আমি চাহিনা।
যাহা আছে থাকুক চিরন্তন,
যাহা নাই, দিতে চাহি না তারে ঠাঁই—
পুনরায় পূর্বের পুনরাবৃত্তি!
মোহনীয়ের মোহে বিচরণ অযথাই।

সকলের রূপ উদ্ধারে—
যখন আমি পরিশ্রান্ত,
দেখিয়াছি রূপ অলীক চিন্তার!
আর নাই অন্তর্ভাগে কোথাও কোনো ভ্রান্ত।
সুখের প্রত্যাশায় সুখ গড়িয়া ওঠে,
মিথ্যে হইয়া যায় দুঃখের সত্য!
সহানুভূতির তরে শক্তি হারালো যদি দংশনকারী সর্পবিষ—
নিশ্চিহ্ন হইয়া রহে না আর অলীক মায়াময় অদ্য।

06-09-2016

খোদা হও দয়াময়

বৃহৎ পাহাড়ের মধ্যমণি চুড়োয়
গহন অদ্ভুত রহস্যময় বনপথ,
অচিন গভীর সুরঙ্গের গভীরে আজও—
মুখ তুলে আশায় বাঁচে, বাঁচার শপথ।

না, আমি এভারেস্ট জয়ের লক্ষে নই!
অথবা নেই দুরুহ আমাজন জঙ্গলের উদ্দেশ্যে—
কল্পনার ভীতে মেরু সুরঙ্গপিছু যাত্রাও নহে, তবু
আমি অভিযাত্রী, সামান্য এক পাথর খোঁজার জন্যে।

সহস্র শিল্পীরা মানে হার যেখানে দেখে—
স্বরূপে তোমার মহান শিল্পের বসবাস!
কিসের ইচ্ছেতে প্রাকৃত কারুকার্যে আজ এমন
তোমার এত পাথর হওয়ার প্রয়াস!

আমি জানি তুমি কতটা যোগ্য
সকল হতে ভিন্ন তুমি প্রতিমা মায়ায় ধন্য!
আমার পৃথিবীতে তুমি আবশ্যিক প্রাপ্য—
কুলপাগে পূর্ণ রক্ষান্ড তোমায় পেয়ে পুন্য।

কথায় রয়েছে, কঠিন থেকে কঠিনতর হওয়া যায়—
কিন্তু, দলিত স্বার্থপিছু কিছু মেনে নিতে হয়,
আমি দলিতের খাতিরে বলছি, "নেমে আসো তুমি—
আসো নেমে, হে খোদা হও দয়াময়!"

দাও তুমি আলো, ঝরো তুমি বৃষ্টি—
মোছো আঁধার কালো, দিয়ে সমতার দৃষ্টি—
শিকলেতে বাঁধা জান, অচিরেতে করো ত্রাণ—
জাতির পানেতে করো সুসৃষ্টি— হে পরম সৃষ্টি!

19-05-2017

তাই এত নিষ্ঠুর!

দেখিবারে চাই আজও আমি তোমায়—
কাছ থেকে তুমি কতখানি নির্দয়,
সম্মুখে হেরি যেই, আরও কঠিন—
স্থির শ্রী আকারের হয়ে কেনো? —হে দয়াময়!

বিশ্বের দয়াময় ছন্দে তুমি—
পাপীদের পাপ লও করি আজি বরণ!
হিতাহিত জ্ঞানশূন্য হয়ে স্বাধীনে
দণ্ডসম সাধু প্রজাদিগে হানিছ মরণ!

তোমাতে বিশ্বাসী সকল গনকুল
তোমার দ্বারে যখন ভিক্ষাপ্রার্থীর ন্যায়,
সামান্য কিছু দানে তুমি বিমুখ কেমনে—
কেমনে সাধিছ এ দৃষ্টিকটু অন্যায়!

আজি দ্বার থেকে ফিরে তোমার
মনে মনেই জপিছে মনের পাখিরা—
আপন করে লও হে নীরব, যেরূপেই হোক!
দুঃস্বপ্নসম চাপ-তাপ তাদের ভারী বাঁধনছাড়া।

সঙ্গে যদি পারো আমাকেও লও
ওহে নৌকা-ঘাটের নিত্য নাবিক—
বুঝি তুমি তাই এত নিষ্ঠুর!
পাল্টেছে পালে তব বায়ুর দিক!

বুঝি প্রেম-বিবেকের সমতাবোধ হারালে,
হারালে অর্থ পিতা-ভ্রাতা-বন্ধুর!
সব হারিয়ে কর্তব্যহীন ব্যাধিগ্রস্ত পরিণত—
বুঝি তুমি তাই এত নিষ্ঠুর!

01-01-2018

 জানি তুমি আসবে

সময় চলে যাক
অথবা, থাক থেমে—
নদী রুখে দাঁড়াক,
অথবা, ঝর্ণা হয়ে আসুক নেমে—
মুশলধারার বৃষ্টিকেও
অবহেলার মুখে ঠেলে দিয়ে—
তুমি আসবে, জানি তুমি আসবে।
গা ভাসিয়ে হাসবে—
পথ পানে দাঁড়িয়ে থেকে হব বৃদ্ধ,
অথবা, পরে বা তার পরের জন্মে —
জীবন তো এক অজুহাত মাত্র, একটা অপেক্ষার।

সাক্ষাত হবেই তোমার আমার—
যেন জন্মেছি পুনরায় আবার!
একই ছন্দে গাইবে নদী-পাহাড়,
সীমানা না মানা স্বাধীনতার খোঁজে
যেতে যদি যাও তবে কোনোবার—
ডাক দিও আমায়;
আমি অন্তত শতাধিক চেষ্টা করে,
এবার একটা গল্পের রেশ কাটিয়ে,

তার শুভ সমাপ্তি দেব—
নকল নীতিবোধগুলি কেরোসিনে জ্বালিয়ে—
ততক্ষণ, মনে রেখো আমাকে।

18-01-2021

নিরুদ্দেশ

কখন হয়েছি যে নিরুদ্দেশ, কে জানে—
ফিরবো আবার— তার কি মানে!
আবার হবে দেখা,
চিরকুট খামে লেখা—
"মহান মানসতা মুছে
এখন, মন মিলনের রেখা।"
তা কি খুব শোভনীয়?
না! তা মোটেই নয়!
নরম বালিচর হাতরে দেখি—
তারও বানভাসি পরাজয়!

15-10-2022

সুরের সাথে অমিল

অভিমান নিয়ে দূরে দাঁড়িয়ে— এক হতে এক
বহির্জগতের সামনে কেবলই সবুজ!
শুধু শক্ত-পোক্ত একটা কাঠল বাকল
আমাদের আলোচনার মাঝে।
আঃ কি নীরব! সত্যিই অসহ্য!
যৎসামান্যই উত্তেজনায় সাড়া মেলে প্রত্যুত্তরে—
কন্ঠে শুধু "আজ সেকথা নাহয় থাক" আর সাহস নীল।

বলতে গিয়ে আসল কথাগুলি —
মন থেকে বেরোয় ছিটেফোঁটা বুদবুদ,
সামনে এসেই সটান—
তীব্র জোরে হাইড্রোলিক ব্রেক কষে!

খাল-বিল পেরিয়ে সুদূর হিমালয়ে
অবস্থান করেছে— আবার মেঘ ছুঁয়ে দেখার স্বপ্ন!
ধমনীভেদী বেদনার চাপ নিরন্তর সামলে নিই—
সেসব রোমান্টিক লিরিক্সও এখন সুরের সাথে অমিল।

02-06-2018

একাকিত্ব

"তুমি কি একজনই কেবল হে মহাকাশ?
নাকি, তোমাতে রয়েছে একাত্ম হয়ে—
সব তারা, গ্রহ আর তুমি!"
অথবা মনে হয় যেন সব দেশেতেই—
সীমান্তগুলো উহ্য যেন মুহ্যমান,
সব জাতি-বেশ সব সমান,
আকাশ তলে এক পৃথিবী—
কিছুতে জল আর কিছুটা ভূমি।

তবে এখানেও তো আছে প্রশ্ন—
যুক্তি-তর্ক-রাগ-বিবাদ,
শূন্যতাদের সম্মেলনে সামিল
কোনো ইচ্ছারুদ্ধ নওজওয়ান।
হাতে অস্ত্র কয়েক লিটারের—
সাজ পোশাকে মামদো ভূত,
রাত বেরাতে ঘুরছে আবার!
ভরছে ছাই এ সিগার স্তূপ।

বাসের ভিড়ে বা মেলায় ঘিরে
আঁকড়ে থাকে হাত চেপে,
যেই উদাসীন হল একদিন!

এগিয়ে আসে সে পা মেপে—
একাকিত্ব!
একা হয়ে যাওয়ার অনুভূতি হায়!
দিনশেষে, ঢোক গিলে এক নিমেষে—
সাথে সেও বেড়ে যায়।

05-11-2022

পান করে যাও

ধরো, তুমি একটা ফাঁকা ঘরে আছ—
কিছু দেখার নেই,
এখানে কিছু শোনার নেই।
প্রেম করার কেউ নেই যেমন,
তেমনই, চুমু খাওয়ার বা দেওয়ার জন্যও কেউ নেই।
লড়াই করার কোনো কারণ নেই—
এক বোতল বিয়ার আছে কেবল,
সারা জীবন শুধু এইটুকুই করতে পারবে
বোতল খালি না হওয়া পর্যন্ত পান করে যাও—
কিন্তু যখন সেটাও শেষ হয়ে যাবে,
তখন যেন কোনোরকম ঝামেলা সৃষ্টি কোরো না!
কারণ– ঘরের বাইরের বুথে ভোট গণনা হয়ে গেছে,
নতুন সরকার গঠিত হয়েছে,
আগামী পাঁচ বছরের জন্য।
মনে রাখা উচিত, এটাও ঠিক পূর্বের মতোই—
তোমার ইচ্ছা বা পছন্দের অনুকূলে নয়।
অতীতের রোমন্থন প্রায়ই বড় হওয়ার সুযোগ করে দেয়,
এখন হয়তো মনে করে নিতে পারো যে —
কেউ তার প্রতিজ্ঞাকে প্রত্যাখ্যান করে তোমায় ছেড়ে গেছে!
আসলে সবকিছুরই মেয়াদ শেষ হওয়ার তারিখ থাকে,

বিয়ারের ক্ষেত্রেও তা ব্যতিক্রমী নয়—
ইচ্ছার বিরুদ্ধে হলেও ঢোক গিলে নাও,
নেশা হোক বা না হোক— ভান করে যাও,
বিয়ার পান করে যাও... চিয়ার্স!

18-05-2022

মালীর মৃত্যু

ঝড়ের কালো রাত ফুরিয়ে,
স্বাভাবিক ভোরে ধরা জেগেছে—
ভেঙ্গে যাওয়া মালীর কুটিরখানিতেও
রবির আশিস্ ক্ষনে লেগেছে।

ফুটেছে কলি, ছড়ায়ে সুরভি
তরুন তালে মাতে উপবন,
ছেড়া ডাল পাতা, ছেড়ে মাধবীলতা
পুষ্পদলে ভরেছে যৌবন।

ভ্রমর এসেছে ভোরে আজও—
মধু নিয়ে তারা চলে গেছে,
বাতাসে বয়ে মেঘ দুপুরে, সেও—
বৃষ্টি সাথে ঝরে গেছে।

রাত বেড়ে চাঁদ, বাড়িয়েছে হাত—
মেঘের চাদর সরিয়ে,
ভগ্ন ছাদের তলে, নগ্ন গাত্রে ঢলে,
চন্দ্রপ্রভা দিল পরিয়ে।

পাঁচ টাকা মূল্যে কিনে নিয়ে কিছু
মন কিনেছে মানবীর,
মালীর লালিত ফুলেই কভূ—
শোভিত সকল শিবির!

পা টিপে টিপে চলে কারা যেন—
মাটিতে জুড়ায় ক্রমে যেন কেহ!
ফুলের শিল্পী, কেবল ফুলখানিই তার
প্রাপ্তি পেল না দেহ ।।

03-01-2022

শান্তিপূর্ণ

সঠিক সময় চুপ-চাপ বলে দেয় দেয়ালঘড়িটা,
চায়ের কাপ প্লেটটিতে রাখাতে মনে হল —
প্লেটটিও প্রায় কিছুই বলেনি।
শুধু শব্দ হয় তখন,
যখন, সন্ধ্যার দিকে খবরের কাগজ পড়ি।
দুয়ারের কাছে এলো যদি মেয়েটা, নির্যাতিতা —
মনে পরে, নিউমোনিয়ায় নিজের মরা মেয়ের
নাম চেহারাটাও হয়তো ভুলে গেছি!
তবে, ক্লাবের নামে চাঁদা চাইতে আসা কালো ভুসো চেহারার
উদ্দীপিত ও উশৃঙ্খল মনের ছেলেদের দেখে —
নিজের যৌবনকালের স্মৃতি রোমন্থন করি প্রায়শই,
যদিও হোক না অবস্থা যতই জীর্ণ!
হাজারটি টাকা ওদের পাওনা চুকিয়ে দেবই—
কারণ, আমি বাপু শান্তিপূর্ণ।

01-06-2018

শীতঘুম

সব ঠান্ডা,
চারিদিকে ঘন কুয়াশা —
অস্পষ্ট পরিবেশ; কিছুই দেখা যায় না!
আন্দাজ করে নিয়ে পথে সাইকেল,
মুখ থুবড়ে কারো এক্সিডেন্ট!

এই ঠান্ডা শরীর চায় উত্তাপ—
আগুন দেবে?
শরীরে নাহয় মুখে আগুন!
তবুও উত্তাপ চাই,
আলোকিত হয়ে থাকা সেকালের গ্রিনরুম —
ঘুমোচ্ছে! অপেক্ষায় বিষধর সাপও,
ছোবল দেওয়া মহাপাপ!
তাই, অপেক্ষারত শান্তির শীতঘুম।

23-10-2018

তুষারপাত

বছরশেষে তুষারপাতে মেতেছে দার্জিলিং —
এদিক-সেদিন ছেলে ছোকরার ভীড়,
ফটো তোলার হিড়িক পড়েছে!
কেউ কিছু বলছে—
আবার কেউ আর কিছু বলছে।

হাল্কা তুলোর মতো বরফ,
ঠিক তোমার মনের মতো বরফ!
তোমার হাতের মতোই স্নিগ্ধ-শীতল,
যেই ছোঁয়ালে গালে, পড়েছি আমি জালে!
ঠান্ডা বরফ, উষ্ণ অভ্যর্থনা দিল শীতকালে।

কিছু পড়ে আছে রেললাইনের ধারে—
কিছু আবার বাড়ির রেলিং এর ওপারে,
ছেড়েছ তুমি হাত, কমেনি তুষারপাত —
বরফ দেবে না ফাঁকি, "ফেরার পথ ভুলেছ নাকি!"
ফিরে এসো চাইলে, আগামী বছর আবার হবে।

31-12-2021

লাল চন্দন

পরে বরফ গলে যাবেই

পরে বরফ গলে যাবেই —
ঘাম বয়ে হবে ভিজে জল,
চারপাশের স্তব্ধতার ঘোর ভাঙে
যেসব কঠিন হৃদয়ের কোলাহল।

একদিন তাদেরও অবস্থান্তর হবে —
শিখবে সুরেলা কন্ঠে গাইতে,
শিখবে গা ভাসিয়ে হাসতে,
শিখবে চুপিসারে ফুঁপিয়ে ফুঁপিয়ে কাঁদতে।

মাটি খুঁড়ে কেঁচো-কেন্নোরাও —
উঠে এসে মানবতাবাদী হবে উপরের মাটিতে,
অনুর্বর জমির ফাটলগুলির
সেরে উঠবে ঘা, মলমতুল্য কাদাতে।

23-04-2017

লাল চন্দন

বিক্রম মূর্তি যখন আরো এগোতে চায় সামনে—
ব্যাঘ্ররূপী চেতনার তীক্ষ্ণ সত্তা তবুও মনে
দিতে পারে না হানা।
পড়ে থাকে লাল চন্দনের হয়ে—
প্রতিবাদ জানানোর ধিক্কার যতই
গর্জে তোলে গঞ্জনা!

এভাবেই হয়তো একদিন —
দাবানলের বিশ্বগ্রাসী লাভা থমকে দাঁড়ায়!
শান্ত ভূ-স্বক স্বরূপ।
নীলগ্রহে স্থান পায় কারিগরী সভ্যতা,
আমি চাই, সকল মনের জ্বলন্ত কোনগুলিও —
হয়ে যাক ক্রমশ হট ডাইলিউট স্যুপ,
লাল চন্দনের মতো চিরকাল
পদক্ষেপগুলি সুন্দর ও ইতিবাচক রাখুক।

01-02-2017

মাছি চাই

একটা নেউল বেরোল গর্ত থেকে—
পুকুর পারে, জলের ধারে,
একটু খাবার জোগাড়—
আবার আঁধার ঘরে।

একজন কৃষক, এলো ধানক্ষেতে—
পাকা ধান, রৌদ্র স্নান;
কাস্তে দিয়ে কেটে সারি সারি —
ফিরে গেলো বাড়ি।

একগুচ্ছ ফার্ণের ঝোপ সামনে—
পুকুর পাড়ে – জলের ধারে;
মাঝে জাইলেম-ফ্লোয়েমের বিভাজন,
সবুজ ক্লোরোফিলে খাদ্যগ্রহণ।

একপাল বন্য মাছি— প্রজাপতি নয়,
গুঞ্জন চাই! সুন্দরের নীরবতা নয়,
চঞ্চল তারা, গুনগুন করছে —
এদিকে আমাকে মহাবিশ্ব গ্রাস করছে।
শান্তি বুঝি তাই-ই!
আস্তে মাছি চাই।

22-10-2018

মানুষ কেন বড়োই একা

সারাদিন বিরামহীন লক্ষ-কোটি ব্যস্ততার পরে
জেগে দেখেছ কি কখনো নীরব রাত?
পেয়েছ কি খুঁজে? ক্লান্ত পায়ে অভয় দিয়ে
অজন্তার গুহাচিত্র আঁকে, কত স্বল্পছুট রক্তপাত!

এক টাকা, দু-টাকা —হাজার টাকার দৌড়
বিনা লাভে, লোভে লোকসান; দেখছে শ্মশান।
লোভে-লাভে যন্ত্রমানব তুমি ভুলেছ তোমায়—
ভুলেছ হাসি! ভুলের অনুভূতি! ভুলের জয়গান।

দিনের আলোয় হারিয়েছ বন্ধু—
পরিচিত হয়েছে ম্লান!
শান্তির বিনিময়ে সুখ সেধেছ,
জীবন্ত শরীর, অন্তরে নিষ্প্রাণ।

তুমি নিজের মতে, নিজের পথে চলো
যদি বিবিধ জ্ঞানে পংক্তি টেনে বলো—
"ঘড়ির কাটায় চলন্ত আমি, সুবিধার জৌলুস"
আমি বলি "রূপের মানুষ, বিষম ভাবের ফানুস"।

এদিন যাবে, রাত ফুরাবে—
প্রত্যুষে কলঙ্কিত বাতাসের পাবে দেখা,
ভোরের আকাশ শুনবে সন্ধ্যাতারার বাণী—
"মানুষ কেন বড়োই একা"।

24-11-2018

তারে ডেকো না

কৃপা করে বেশি জোরে টেনো না!
বেশি আর বেঁধো না তাকে—
আশা অনেক হয়েছে প্রকাশ,
গৃহকোনে থাক— তারে ডেকো না।

উৎখাত হবে হাত!
এত জোরে টেনো না,
অদৃশ্য সাহায্য পানে—
উন্মাদ হয়ে থেকো না।

এত কাছে এনো না যে
তুমি বোঝা যাও,
নিগড় ছিঁড়ে নিজেকে খুঁজে
নিজ পদে ক্ষনিক দাঁড়াও।

চেয়ে দেখো— পথের যত বাঁক,
ততই স্বপ্ন ভরা ফুটপাত,
সরল তোমার সহজ বাণে—
শত আঘাতের মৃতদেহের হবে উপরিপাত।

09-03-2016

জাদুকরী জোনাকি

উঁকিঝুঁকি দেয় আলোর ছটা,
জোনাকি নিমন্ত্রণ করে, "চলো আঁধারে—"
ভরে যায় খুশি সবুজ আভায়!
নির্জন কোনো বন-বাদারে;

মিটমিট করে সারারাত চঞ্চল প্রদীপ,
উৎসব মেজাজ ভিড় ডেকে আনে —
নব সমাগম সবে উপনীত
সুনিবিড় আঁধারপানে —

এসে বলে বারে বারে, "উদাসীর ধারে
একা বসে কেনো তুমি! এ কি!"
ক্রমে, জাদুকরী হাতে নির্ঘুম রাতে —
ধীরে, সংসার ঘরে বাঁধে জোনাকি।

12-06-2014

কিছু না হয়ে

একটি অজানা বৃষ্টির ফোঁটা হয়ে
ঝরে পড়ে যাও অকারণে—
অজান্তে স্রোতে আবিষ্ট হও,
এখন বলতে পারো কি? তুমি নদী নও—

একটি ক্ষুদ্রকায় ধুলো হয়ে
উড়ে জুড়ে যাও বাতাস পরে —
বিশ্রাম নিতে ঘুমিয়ে পড়েছ শরীর ঘেঁষে,
এই উত্তপ্ত ময়দানে আজ বলো— তুমি মরুভূমি নও?

একটি আলোর রশ্মি তুমি, আরো দীর্ঘতর হয়ে—
মুক্তি রূপে ছুটে যাও, রাত থেকে দিনের প্রান্তে—
সূর্যোদয়ের সংজ্ঞাহীনেও পতিত হও,
কিন্তু, মানবে কে যে তুমি সূর্যালোক নও!

অথবা, তুমি যদি কিছু না হয়ে—
হয়ে গেলে একটা আস্ত পাগল,
খেয়ালমতো বৃষ্টির সমুদ্র বা ধুলোর ইমারত গড়ো—
প্রয়োজনে আঁধার আকাশে রশ্মির তারা ভরো।

13-04-2019

সৌন্দর্য

আমার হৃদয় শুধু ঘুরে ফিরে
খুঁজে যায় অবিরাম— অগণিত অদেখা সৌন্দর্য,
অবাক হয়ে আমি দেখি জগৎ জুড়ে
সব সুন্দরের রহস্যময় গাম্ভীর্য।

পথের যাত্রায় প্রত্যেক পদে
শম্প, বালি ইঙ্গিত দেয় —
ক্ষুদ্র সৌন্দর্যের শান্তির!
প্রত্যূষ নীহার কণায়—

গহন শ্যামলিমার নীরবতা
রাখে আমায় সকল উদ্বেগ থেকে বিরত,
নিঝুম ঘেরাতেও শ্রবণগোচর হয় সে ঐকতান—
পাতাঝরা কোনো জলসাঘর হতে আগত।

অদ্রি আর তার ঝর্ণাধারা,
অম্বুধি আর তার জ্বলস্রোত,
রবি আর শশীতে তার দীপ্তি,
চেনায় আপনারে সৌন্দর্যের রূপ বৃহৎ!

আমি দেখেছি মানুষের ভিড়ে—
একতা-উশৃঙ্খলতার ভীষন সৌন্দর্য!
শূন্যতার মাঝে মাতৃগর্ভে ও শ্মশানঘাটে—
আমি দেখি, সৃষ্টি-বিনাশের বিরল মাধুর্য।

21-10-2016

মনোরম

দিনের আলোয় ভুবনহারা আমার
প্রাণে যখন বহে আনন্দধারা—
বয়ে গেছে বেলা
করি আমি খেলা,
সুদিনও সেথা কেটেছে আমিময়!

বর্ষার বৃষ্টির মতোই ছিল সে,
ধরায় চুমিছে অক্লান্ত অনিঃশেষে —
চাতক তখন মন,
কিসের বারণ!
কত প্রতীক্ষন, কত বিনোদন— আহা! সেও কি সময়।

তবে, কি জানি কোথা থেকে এলো—
কালো বাদলে আকাশ ছেয়ে গেলো!
আলো হল সারা
ছন্দহীন হল আনন্দধারা,
আমার আমিও ছিন্ন! একান্তে অতিশয়—

হ্যা, তখন চেয়েছি তার সঙ্গ সংগ্রামে—
নিকটে হল প্রকট, অদৃষ্টের বেশে,
উচ্ছেতে তা যেন মিষ্টির আস্বাদন!
দুর্দিনে মনে জাগে আমার সুখ মনোরম।

অন্তরে এক বিরল হাসি সে যেন!
যার কোনো নির্দিষ্ট ব্যাখ্যা নেই —
জুড়ে আছে তা গুরু দ্রোণের একলব্য প্রতি অবহেলায়,
জুড়ে আছে তা কবির অপ্রকাশিত কাব্যের প্রত্যেক পদেই।
19-09-2021

সারাংশ

আজ নিধর রাতে মুখ ঢাকি—
আপাদমস্তক কম্বলের আবরণ,
আঁধার ঘরে আড্ডা-আসর-জমায়েত!
বাড়ি এসে দেখা করে আইনস্টাইন-নিউটন।

দীপ্ত চিন্তন, আলাপ-উন্মাদনা,
"এ সৃষ্টির সৃষ্টিকর্তা কে?
রবি সুধায় রবি, কবির অনুভূতি—
গীতা-জ্ঞানভাষী স্বামীজীকে।

"দেবতা আমার ভিন গ্রহের প্রাণী"
তত্ত্ব নিরুপনে হকিন্স-ড্যানিকেন,
পন্থাপোষক দেশপ্রেমী নিকট —
মহাত্মা-ই দেবতা, পরমাত্মা মাউন্টব্যাটেন।

সারাংশ মূল্যায়নে সে আসে শেষে,
দেবতামাত্রই নেই তার সৃষ্টি, নেই তার বিনাশ—
ডারউইনের অভিব্যক্তি ফলে আজ রামানুজন সংখ্যার বেশে,
প্রমান চাপে, দেহতাপ মাইনাস দু'শো তিয়াত্তর ডিগ্রি সেলসিয়াস।

আমি বলি, "তার থেকে তুমিই ভালো"
যুক্তি-তর্ক ছেড়ে আমার সন্তুষ্টি তোমাতেই।
তুমি আছো, তুমি থাকবে, আছি আমি যতদিন—
তোমার অস্তিত্ব নিয়ে নিঃসন্দেহে কোনো সংশয় নেই।

04-11-2018

বিরাম দাও অর্থহীন উদ্দেশ্যে

হে মহান মানব মস্তিষ্ক ক্ষমতা —
বিশ্ব-ব্রহ্মান্ড সাপেক্ষে ক্ষুদ্রকায়,
বুদ্ধিমত্তার আঁধারে সকল প্রতি কদুক্তি করিছ!
তুমি সৃষ্টির ভূষণ করিছ জীর্ণকায়।

সসীম জ্ঞানে অসীম একান্ত তথ্যের
রহস্য উন্মোচনে তুমি চিরদিন মত্ত,
করেছ বিলয় সন্নিহিত নির্মলতার —
হৃদয়ে তোমার, সাম্রাজ্য বিস্তার করে যায় মলিনতা।

কল্পনাদের কামনায় রূপান্তর করিলে —
দ্যাখো- জীবনের অর্থ হল কেবল অযথার্থের রূপায়ণ!
কল্পবিজ্ঞান ও বিজ্ঞান সমাকারে গ্রহণে
তোমার মস্তিষ্কের বিকালঙ্গতা- জাতির বিনাশ পরায়ণ!

বিরাম দাও অর্থহীন উদ্দেশ্যে তুমি —
যাহা স্পর্শন সাধ্য, উদ্ধার করো তার পবিত্রতা।
মলিন ও আত্মসর্বস্ব বুদ্ধিবৃত্তির মন্দিরে অসম্ভব—
স্বর্গের ন্যায় সাজালে, ধরাধামেই আসবে নেমে দেবতা।

18-04-2018

ভাবনা পৃথিবী

আমার দেহ-ভার বহন করে নিয়ে
সঙ্গে বহে এক অস্পষ্ট ছবি,
অচিন দেশের মাঝে এ মন—
নিঙড়ে খুঁজে এক ভাবনা পৃথিবী।

যেথা হাতে আমার কলম নেই
নেই বোঝাপড়া কারো পানে—
ব্যস্ততার সেথা নেই কোনো বেগ
পথ পাড়ি শুধু আবেগের টানে।

সেথা তুমি যেন তুমি নও—
আমি ছাড়া আর কেউ নও!
লাল-নীল-সবুজ-গেরুয়া ছেড়ে
সর্বদা সবার সর্বত্র থেকে যাও।

গোলাপী সূর্য ওই দেখা দেয় —
গ্রীষ্মের তপ্ত অপরাহ্নের শেষ সীমান্তে,
হেমন্ত হাওয়ায় কচি নিম পাতা
সুখ পেয়ে বসে চেনা বৃন্তে।

প্রকাও হৃদয় জুড়ে থাকে কত কথা!

কভু ভীতিকর! কভু লাজুক!

ভাবনা পৃথিবী ফোটায় নিহত গোলাপের ব্যাথা —

কখনো অশ্রু পুকুরে নিজেই ফুটে হয় শালুক।

09-03-2017

যখন আমি তোমার আনুগত্যে

গোধূলি বেলায় দেখেছি তোমায়
রক্তিম গৈরিক হতে —
বৃষ্টির দিনে সেই তোমাকেই দেখি
কালো চাদরে নিজেকে জড়িয়ে নিতে।
তুমি হয়তো আকাশ ছিলে...

মনের খেয়ালে কখনো হিন্দু,
কখনো সে ইসলামের প্রতীকী,
কখনো পাশ্চাত্যের প্রহরী পশ্চিমে,
জানা হয়নি তোমার দেশের নাম কি —
তুমি হয়তো কোনো দ্বীপ ছিলে...

বয়ে গিয়েছ কখনো আমার ওই—
ছোটো গাঁয়ের মাঝে নদী হয়ে,
প্রশান্ত নামে কখনো ভূগোলে স্বীকৃতি!
কভু আমাজন-নীল নামে হরেক রাজ্য জয়ে!
অথবা, তুমি হয়তো মরুদ্যান ছিলে...

ক্রুদ্ধ হলে সচল তোমার —
নাম দিল কেউ মারণ আম্ফান বা ফনী,
প্রখর তাপের বেলায় তোমায়

বলে আরামের শীতল মৌসুমী।
তুমি হয়তো পবন ছিলে...

কিন্তু, মনে পড়ে যায় "তিন ভাগ জল ও এক ভাগ স্থল"
যখন আমি তোমার আনুগত্যে,
বায়ু, মাটি,মহাকাশ ও জল –এর মিশ্র প্রেমে স্বীকারোক্তি—
আজ আমি জানি "বাকি পুরোটাই মিথ্যে"।।

14-06-2019

জটিল অথচ সরল এই ভালোবাসা

এই বৃহৎ পৃথিবী, অসাধু সমাজ

অসুন্দর চরিত্রের গঠন; বাহিরে শুধু —

নিত্য মিছে অলংকার সাজ।

এসব ছেড়ে আমি ভালোবেসেছি

শুধু তোমাকে—

প্রখর রৌদ্রে মাথা তুলে থাকা

হে প্রকৃতির প্রিয় সন্তান— স্নিগ্ধা গোলাপ।

নুড়ি, পাখর অনেক রয়েছে ধারে তোমার —

তারা পরিবর্তনশীল নয়,

মৃত্যু নেই তাঁদের!

তোমার মতো এদের করতে হয় না লড়াই—

রৌদ্রের সাথে, বৃষ্টির সাথে,

জন্মের সাথে, মৃত্যুর সাথে।

তোমার বয়স বাড়ে,

বিকশিত হয়ে সুন্দর হও যখন—

খুশি ফুটে ওঠে মুখে আমার!

আবার, কান্নায় ভাসে চোখ!

যখন, তোমার সোনার শরীরের প্রত্যেকে অঙ্গকে

দেখি ঝরে পড়তে অসময়ে!

প্রকৃতিও হয়তো কাঁদে তখন।

এই আমার কান্না, এই মুখে ফুটে ওঠা নিঃস্বার্থ খুশি,

জটিল অথচ সরল এই ভালোবাসা —বিস্ময়!

খুঁজে পেয়েছি বিরল এক মানে! এ আমাদের সম্পর্কের,

ভালোবাসা যার নাম, মতান্তরে —

"উভয়ের প্রতি উভয়ের নির্মল সহানুভূতি",

আসক্তি ও অনুশাসন যেখানে নিষ্প্রয়োজন।।

06-06-2019

প্রাচীন

প্রেম— সে তো আজকের নয়,
কতকাল ধরে বুকে জড়িয়ে ধরে
শিশু হতে কিশোর, বেড়ে যুবক —
মাতৃস্নেহ, তা কি নিছক ছলনা!

সঙ্গ— সে তো আজকের নয়,
কতো রোমিও, কতো জুলিয়েট
হীর-রাঞ্ঝা, ডারসি-বেনেট
ছাড়িয়ে কল্পনা, তাঁরা চিরায়মানা।

অবসান— সে তো আজকের নয়,
প্রকৃত প্রিয় পাওয়ার অনেক আগেই—
পৃথক হয়েছে, প্রাণ হতে শত অ্যানা ফ্র্যাঙ্ক!
রচিত সাহিত্যে ধৃত রহে তার ধারণা।

একাকিত্ব— সেও অনুকরণে আনে প্রাচীন লয়,
রক্তাক্ত ক্ষত হয়ে যা হৃদয়ে থেকে যায়,
ব্যাখায় ঢেলে মদ, কেউ হয়ে যায় দেবদাস—
কারো মমতাজ পেয়েছে তাজমহলের ঠিকানা।।

30-12-2021

বিশ্বপ্রেম

শোভা পায় না আমার মুখে
ওই কথাটি, যা তুমি শুনতে চাইছো—
যা নিয়ে তোমার এত ইচ্ছে, এত কামনা!
এত মতিভ্রম হওয়া, এত যাতনা!

ক্রমবর্ধনশীল যুগের কোন সেদিন —
যেদিন বলবো— এই আমিই, সেই আমি!
যে তোমাকে সবচেয়ে বেশী ভালোবাসে—
সুবাস ফুলের ঘ্রাণে অথবা নিদ্রার প্রয়াসে।

জানো, বড়ো ভুল করেছি আমি
যেদিন তোমায় জ্যোৎস্না ভেবেছি—
ভেবেছি শিউলি ঝরা উঠোনের খুশি,
খোলা প্রান্তর, নির্মল হাওয়া, কাশফুল রাশি রাশি!

এলোমেলো কোঁকড়ানো, রুক্ষ কিন্তু শিথিল
তোমার কেশ— মেঘের প্রতিচ্ছবি বিশেষ!
নরম হাতের স্পর্শের অনুভূতি, ভেজা ওষ্ঠের আদল
যেন, অনুভূতি পদতলে প্রাতে ঘাসের শিশির ছোঁয়ানোর!

ভেবেছিলাম, তুমি হয়তো ঝিনুকের স্থির প্রাণ—
অথবা ট্রেনের অন্ধ ভিখারীর গাওয়া সেই গান!
যে গানে মুগ্ধ শৈশব গেল শিল্পের জোয়ারে—
বার্ধক্য এলো শিল্পী হওয়ার আবদারে।

যদি তব ব্যস্ততা দেখালে— দেয়ালে ঘড়ির কাটায়,
তবু, আমার ঘড়ি সময় জানে শুধুই স্থিরতায়;
মহাকাশে দৃশ্যমান নক্ষত্র রশ্মির ন্যায়,
করতে জানে না আত্মীয়তার— স্বার্থেতে আয়-ব্যায়।

তোর্সা নদী - বৃদ্ধা বয়সী, এঁকে-বেঁকে সে বয়
সূর্যাস্ত পূর্বে, ঘাটে বসিয়ে, রূপকথা তার কয়—
"রাঙা জবা কুড়ি, পলির আকারে, তীরেতে সাজিয়ে গেলেম—"
আমার ভাষায় তার নিকটে তা-ই বিশ্বপ্রেম।

আমি দিনের আলোয় ভালোবাসি খুব ভালো,
রাতের কপট আঁধারে গুম হয়ে রই —
কলঙ্কিত এ ভৌতপ্রেমও অসম্ভব নয় কিছু,
তবে মানবিক সমন্বয়ে বিলীন আপনাকে করবোই!

আদি, অদ্য বা আগামী প্রান্তকাল ছাড়িয়ে ভালোবাসি
বিন্দু ক্ষনিকও নকল খুঁজে পাবে না তুমি,
মরা শিশুর প্রসব অন্তেও, সে তার মাতার কাছে যেরূপ—
চতুর্দিকে সে প্রেমরেণু ছড়াই— আমি বিশ্বপ্রেমী।

07-03-2018

তুমি জীবন আমার (২)

যেদিন ডালে-পাতায় খুঁজেছিলে—
শব্দ হয়ে ঘুরেছি আমি,
হাওয়ার সাথে, মাটির কাছে—
এক অসম্পূর্ণ গানের খোঁজে।

যেদিন হাওয়ার প্রবাহে ধরতে চেয়েছ—
আমি নদীর ধারে বন্দর গড়েছি,
নৌকার দেশে, আমি কিনারায় ভেসে—
একটি অপূর্ণ অববাহিকার সুখ বুঝে।

কিন্তু, যখন জলের ধারে এসেছ ডাকতে,
আমি কবেই পাড়ি দিয়েছি সাধতে—
শীতল পর্বত শৃঙ্গের আদরের চাদরে
স্থিতিশীলতার হাজারটি পাঠ!

তুমি পেছন নিলে, আবার গেলে!
সেই ধ্যান-মগ্ন পর্বত কোলে—
ততক্ষনে এসেছি নেমে, গতি আমার গিয়েছে থেমে
উন্মুক্ত মনে আমি হয়ে গেছি— কোনো কৃষকের মাঠ।

তুমিও ক্লান্ত আমায় খুঁজতে—
আমিও হয়তো পেরেছি বুঝতে,
গানের ঝড়ে, নদী তীর কেঁপে,
পর্বত তুষার মাঠের পড়ে—

এক, এঁকেছ তোমার ক্লান্তি,
ভালোবাসায় যার মুক্তি শতবার—
দুই, এঁকেছ বক্ররেখা এক,
ভিত্তিহীনে অর্থ যার– তুমি জীবন আমার।

19-04-2019

শুধু তোমার হতে চেয়েছি

বহুদূর থেকে, বহুযুগ ধরে
নানা বাঁধা, নানা ব্যাফলতা ছেড়ে—
ক্রমাগত শত মোহ-বিরহ ভুলে,
শেষে তোমার কাছেই ফিরেছি!

আমি তোমার হতে চেয়েছি—
শুধু তোমার হতে চেয়েছি।

আমি তোমার প্রাণের যত শ্বাস-সুবাস
ভেবেছি বসন্ত প্রস্ফুটনের আভাস,
তুমি আদর সমেত অমৃত দিয়েছ—
তাকেও ভ্রমে বলেছি যে নির্যাস!

তোমার বিমল স্নেহ, পেল যদি কেহ
দেখে তারে আঁখি, পেল বিভূতি!
উদ্বেগে মন, ঢের করে অন্বেষণ—
দূর হয়ে বিভূষণ, হল কেবলই দুর্মতি!

তুমি তেমনি আছো আজও,
আমায় তেমনি ভালোবাসো—
তুমি প্রেম দায়িনী! স্নিগ্ধা কামিনী!
আমি স্বার্থ-লোভে বন্দী প্রাণী!

ক্ষুদ্র চিন্তন, করে বর্জন—
তব স্নেহ দ্বারে নিজেকে সঁপেছি।
আমি তোমার হতে চেয়েছি—
শুধু তোমার হতে চেয়েছি।

02-05-2022

অপরিবর্তিত

রাতের আকাশ কালো আজ
চাঁদখানিও মুখ তুলে চাইছে,
তাঁরাও কিছু জেগে, দ্যাখো—
গতিমুখে বায়ু পরিচিত গান গাইছে!

কিছুই পরিবর্তিত নয় আজ—
ঠিক সেই আগের মতোই নিয়মমাফিক,
ষাট মিনিটে ঘন্টা বাজিয়ে দেয়াল ঘড়িটাও—
বলছে যেন, "সবই অবিকার দিঘ্বিদিক"!

নদীর ধারাও তেমনি, ওগো—
প্রবাহ তার পূর্ব প্রকার;
পূর্ব প্রকার জোয়ারের গর্ব—
ভাটার টানে শ্রান্ত প্রাণ তার!

চোখে জল কেন! মুখ কেন ভার!
কি হেতু এরূপ তব ভাবনা—
প্রতান কেন? কেন অকারণ
অন্ত ভেবে বিষন্নতা! এত বেদনা!

কিছুই পরিবর্তিত নয় আজ—
ঠিক সেই আগের মতোই নিয়মমাফিক,
শিশুর প্রতি মায়ের অপার প্রেম,
প্রেমের জাহাজে অপরিবর্তিত সে নাবিক।

12-03-2020

অজটিল

বহিঃপ্রকাশের তুলনায় অপেক্ষাকৃত যথেষ্ট
অজটিল থাকি এখানে এসে—
নিস্তব্ধ গভীর চিন্তাশীল সমুদ্রের তলদেশে
সব কিছু ভুলে একলা বসে।

এই আমার সমগ্র সংসার হতে আলাদা হয়ে যাওয়া,
চিন্তার গভীরে চেতনা লোপে নিজেকে একান্তভাবে পাওয়া,
শক্তি যোগায় যেন অফুরন্ত—
অনন্ত বিস্তৃত দুঃখ কষ্ট
ভুলিয়ে রাখার—
সব জটিলতার।

যত স্নায়ুতে ভরে আরো তীব্র নেশার অজ্ঞানতা—
ততই সাথে তার অচেনা পথে চলার বাধ্যতা!
শুরু হয় এক অদ্ভুত অস্বস্তি তারপর,
পরম শক্তির স্থিরতা! নাকি—
তা শুধুই সাময়িক মানসিক বিকলঙ্গতা!
যতই তা বুঝে ওঠায় সচেষ্ট হয়,
এই মন আরো ডুবে যায়—
অজটিলতার জটিল নেশায়।

27-12-2016

প্রভু

রীতিনীতির এহেন সংসারে
আমি তোমায় দেখতে পারি না—
অসীম বাধা— এ সমাজ আমার!
বাধা মূল্যবোধের অসীম সীমানা—

লোভ, ঘৃণা, ঈর্ষা— আমানব মানসতা
নেইগো আমাতে প্রভু আমার,
অন্যেতে আমি খুঁজে পাই মোরে—
কেনো তুমি তবু অজ্ঞেয় দিশার!

অপরাধ-বোধ শূন্য হৃদয়
তোমার কাননের কল্পনা করে রোজ—
সেখা তোমায় নিয়েই সাধ সাজাবে!
তাই তো পার্থিব শ্রী তার নিখোঁজ।

ভাবি, তোমার দেখা পেলে
দেখব তোমায় দুচোখ ভরে—
চরণ ধরে নেবো আশিস্‌,
খেতে দেবো নিজেরই ঘরে।

25-03-2018

ধোঁয়া উঠতে উঠতে

শীতের তেজে গল্পে সাজানো ফ্রিজ
খুলে দিয়েছে আজ কলোনির ব্রিজ,
রেলিং বা নিচের নদীতীর তারা সবাই—
গল্প শোনাতে চায় নিজ নিজ।

প্রবীণ নদীর ধারগুলি যত, সবাইকে তারা জানিয়ে স্বাগত—
দেখে চলেছে আসতে কত-শত মৃত! আর—
সৎকার শেষে নিজের বিছানাতেই ঘুমোতে দেয় রাতে;
বন্ধুত্ব এভাবেই গভীর হয়ে যায়— ধোঁয়া উঠতে উঠতে।

এদিকে উপরের দুই জীবন্ত প্রাণীর বন্ধুত্ব
ব্রিজের রেলিংগুলি তৃতীয় হয়ে দেখে যায়,
শেষ ট্রিপের গাড়ি, আলো নিয়ে আসে সুদূর থেকে, আর—
শুভ রাত্রি জানাতে দুজন, সিগারেটের টুকরো দুটো ফেলে যায়।

ভোর থেকে রাত আর রাত থেকে ভোর হয়—
নিচের নদীটা মোহনা অভিমুখে বয়ে যায়,
গল্প ফুরোয়, জীবন ফুরোয়, মুক্তি জুড়ে অন্তে—
ঊর্ধ্বে উড়ে প্রাণবায়ু যায় স্বর্গ সীমান্তে...
ধোঁয়া উঠতে উঠতে—
ধোঁয়া উঠতে উঠতে...।।

03-04-2016

দ্বিতীয় জন্ম

আমি পার হয়ে গেছি শত
শত পদ এ পথের,
আমি শীতল বাতাসে ভেসে—
শেষে শিকার হিমেদের!

কিছু ভাবনার যাতনায়
মরিয়া হয়ে স্বপ্নেই—
আমি দুঃখের আঙিনায়— নিরুপায়!
তবু, নিজেকে জাগিয়ে নেই—

আমি জানি, সকলই বুঝি!
তবু, অবিলম্বে রোজ—
চির শান্তির তরে যেন
হয়ে যাই নিখোঁজ!

দ্বার খুলে দারোয়ান বলে শুনি ওই—
এ জগৎ মাঝে তুমিই অনন্য! তুমিই যোগ্য!
কৃতিত্ব উদ্ধারে লালসার জেরে—
ছেড়ে দিতে মায়ার জালে, যেন আমি বাধ্য!

প্রবেশমাত্র প্রত্যহ মম—
ধরা দেয় দু-আঁখিতে স্বার্থ সিদ্ধির খিদে!
শিখরে নত, সে গারদ বন্দীরত—
এ তো আমিই! আমার স্বর্ণ প্রাসাদে।

প্রকাণ্ড প্রাসাদ জুড়ে ছড়িয়ে আছে দেখি
ক্ষোভের মুকুট, অপরাধে বাঁধানো তলোয়ার!
বিষন্ন পাষাণ স্বরূপ সাম্রাজ্যে—
পেট-কাটা শ্রমিকের "জয় জয়" চিৎকার!

আমি তৎক্ষণাৎ স্বস্তি বোধ করি জেগে উঠে!
ম্লান হয়ে আসে সামান্য সম্পদের লাবণ্য,
ঘুমের পড়ে, তৈরি হয়ে যাই ব্যস্ত জীবনে ফিরতে—
পেতে আট ঘন্টার বিনিময়ে নুন-ভাতে ধন্য
দিন শেষের দ্বিতীয় জন্ম।

10-05-2017

যন্ত্রনা নোট

সূয্যি ওঠে পুবের গগন কোলে—
আমি একলা জেগে উঠি,
নদীর চলা আঁকাবাঁকা, সমুদ্রে মিলন প্রাপ্তি;
অজানা গন্তব্যে দিতে পারি, আমি একলা পথে হাঁটি।

অসুখ করে যখন কারো
ওষুধ নিতে ছুটে—
আমার অসুখ যন্ত্রনাদের,
সুখের ছোঁয়ায় টুটে।

সকাল হতে রাত জেগে আর
রাতের ঘুমেও জাগতে—
আমি মানুষ, নইকো মেশিন! তোমার
কলঙ্কদের ঢেকে রাখতে।

তুমি চাও তোমার নীতি—
মানবো রেখে মৃত্যু ভীতি!
ভয় দেখাবে, জোর করবে,
আমার হাতেই কারো খুনের দাগ সরাবে!

সিমপ্যাথি আর "পাশে আছি"-র ভেট,
প্রতিদানে কাল ঠকাবে!
দলে টেনে দম দেখিয়ে, ফের—
দলপতির সোফার গরম দেখাবে!

তোমার স্বার্থ! তোমার দেশ!
অর্থ তোমার, ভিন্ন বেশ!
ধর্ম তোমার, তুমিই ধর্মনীতি!
আমিও নাকি তোমার, আচ্ছা বেশ! বেশ!

14/08/2019

সহজ পলায়ন

প্রসঙ্গক্রমে, সে এখন ফাঁসির মঞ্চে দাঁড়িয়ে—
মুখে তার লেগে আছে মৃদু হাসি, কিন্তু ম্লান নয়;
বিজয়ের হাসি, পালানোর তৃপ্তি।
উপরোক্ত সর্বশক্তিমানও যেন অপেক্ষাকৃত নপুংসক,
ঘৃণা ও সহিংসতায় ভরা হিংস্র আত্মার সামনে—
সমস্ত কাপুরুষ প্রাণীই যেন নিঃস্ব!
হয়তো, তাদের আর কোনো উপায় নেই—
শুধু ঊর্ধ্বতনদের তিরস্কার করা ছাড়া।
"এ তুমি করলেটা কি?"
বন্য দলগুলি এই বিরল মুহূর্তকে
এমনভাবে উদযাপন করবে—
যেন, এটি তাদেরই কারো জন্মদিন!
কৃষ্ণপক্ষ ও শুক্লপক্ষের মাঝে এ রাতে—
ধর্মের প্রতীক অর্ধচন্দ্রেরও নাক কাটা গেছে!
মা প্রকৃতির চোখেও জল করে টলমল,
তার ভারসাম্য হারালে।

আদালত তাকে মৃত্যুদণ্ডের সাজা শুনিয়েছে—
এক নাবালিকাকে শতবার ধর্ষণ ও হত্যার অপরাধে।
জাহান্নামের শাস্তি কঠিন কি না তা জানা নেই—
তবে, এ অপরাধীকে পৃথিবীতে পুরস্কৃত করা হয়েছিল!

111

যন্ত্রণার মায়ায় ভরা পৃথিবী থেকে
সহজ পলায়নের প্রস্তাব দিয়ে।
কিংবদন্তির মৃত্যু তালিকায় হয়তো কাল—
তার নামটাও থাকতে পারে!
কারণ— শেষকালে সে হেসেছিল
এবং অন্যদের কাঁদিয়েছিল।
কেঁদো না প্রিয়!
এগুলো কেবল কল্পনা ছিল—
এটা শুধু একটা কবিতা ছিল...।।

13-12-2022

নারী তুমি জেগে উঠলে

নারী তুমি জেগে উঠলে
আমি মাঝরাতে আর জেগে রব না,
কাজ হতে ফিরতে তোমার দেরিতেও—
আর দুশ্চিন্তা করবো না।

নারী তুমি এলে এক পা এগিয়ে যদি—
দেখবে, সকলই যাবে দু'পা পিছিয়ে পথে!
প্রকাশ করো যদি তুমি তোমার দৃঢ় চেতনা—
অভয়ে মুক্ত মানুষ হয়ে রব আমি তোমার ভবে।

আমি তোমার শক্তি জানি নারী,
তোমার কোমল মানসতায় লুকিয়ে—
তোমার উচিত প্রতিবাদের প্রবলতা,
নকল দুর্বলতাকে তুমিই দাও হারিয়ে!

প্রীতিলতা-মাতঙ্গিনীর সাহস তব দেহে ভরো—
নারী তুমি স্বাধীন হয়ে নিজ সত্তাকে করো অস্ত্র,
সুনিতা বা কল্পনা দিদি হলে, আমিও রব ওই চাঁদের পরে—
তোমার কৃতিত্ব তরে সাজাব অম্বরে তারা সহস্র!

সেকেলের "নারীর প্রথম সুযোগ" এ সহানুভূতি নয়—
এদিন "প্রথমে রয়েছে নারী" এই কথা সব কয়।

25-04-2018

একটা কবিতা এভাবেও হতে পারে

এক গুচ্ছ আশাদের নিয়ে চোখে বেঁধে দিলে—
রঙ্গিন হয়ে হয়তো তাঁরা, রামধনু হবে;
তীব্র উৎসাহে হয়তো— হঠাৎ উঠবে জ্বলে!
ব্যতিক্রমে, কিছু পুড়ে অঙ্গার হয়ে রবে।

কিছু ব্যাথা, অনুশাসনের প্রতিপালনে প্রস্ফুটন পেয়েছে—
যেমন ফোটে বাগানের সুবাস-সুরভিত একটি ফুল,
কিছু আঘাত, পাবে নির্ঘাত, তবে নিঃশব্দ আর্তনাদ!
খুঁজে নিয়ে জীবনের অজানা হাজারটি ভুল।

এ সময়ে, এ অবস্থানে, যদি তোমার
অসহায় অশ্রু-নদী না মনে বাধা—
চাওয়া-পাওয়ার অঙ্কে হেরে যায় ভাগফল,
চোখের সামনে শুধুই নির্জন পথের ধাঁধা!

তাহলে, তুমি অবিলম্বে আমায় স্মরণে নিও
দাঁড়িয়ে গগন-সমুদ্রের আলোকোজ্জ্বল সীমান্তদ্বারে—
দুমড়ে-মুসরে হীরে বানিয়ে, এ অঙ্গার তোমায় দিলাম উপহার!
হ্যা! একটা কবিতা এভাবেও হতে পারে।

25-04-2018

আত্মহারা

তুমি কি চাও আমার হতে?
ওহে জীবন— আমার পাওয়ার তো
সবই হল তোমায় পেয়ে সারা!

তাইতো, খেলা করেই কাটি দিন
তোমায় ভেবেই জাগি প্রতি রাতি—
বাঁচার আনন্দেই যে আমি আত্মহারা!

শখ আর স্বপ্ন আমার যা আছে—
সবই পূর্ণ আজি পেয়ে তোমায় কাছে,
মন মোর আর নির্দিষ্টের টান মানে না!

মুক্তি হবে যেদিন ধরণীর কোল থেকে
ওগো সখা, তোমায় যবে যাব একলা রেখে—
অনিরুদ্ধ চেতনা মোর বিমর্ষতা জানে না!

সেদিন, ওই সীমান্তের ঘাটে তরী থামিয়ে
সেই আমি, যে কোনো শোক-নৈরাশা জানে না—
অবিশেষে, সুখের সাথেই হবে একান্ত আত্মহারা সাধনা।

25-03-2018

শ্যাওলা

ভুলে গেছি সব, আর প্রায়
কিছুই মনে পড়ে না— না! তোমাকেও না!
শিমুল-কদমের ছায়ায় সকল আঁধার—
প্রবীণ দৃষ্টিতে আমার প্রায় কিছুই ধরা পড়ে না।

যে জীর্ণ অনুভূতিদের দল একসময়
তোমার কুহক ওষ্ঠে আড়ষ্ট ছিল—
তাঁরা আজ নিষ্কন্টকে ভাষা পায়!
শব্দের আশ্রয়ে কবিতায়, অথবা
কোনো অনাশ্রয়ের কামনায়।

অহমিকার বশে যাকে তুমি কোনোদিন—
বঞ্চিত করেছ তোমার মার্জিত মহল থেকে,
সেই আবর্জনার রূপান্তরণই এ শ্যাওলা!
গুন্ঠিত রেখেছে যে তোমার বিবর্ণ পুবের জানলা।

ভালোবাসতে ভুলিনি প্রিয়!
আজও ভালোবাসতে জানি,
চুম্বন কুড়িয়েছি ভাসমান হাওয়ায়,
ফের ঢের করেছি প্রত্যর্পণ— এখন
কিংশুক মেতেছে ভালোবাসায়!

04-08-2021

পুরুষ

ভিড়ের মাঝে থাকে,
ভিড়ের কোনায়—
চঞ্চল, ব্যস্ত, নিষ্প্রাণ।
মাথায় পৃথিবীর টুকরো
ঘুরছে— থামবে না!
অগণিত পাক খেয়ে যায়—

দেহে ঘামের আস্তরণ,
শীতল তাতে শরীর ও মন।
শান্তির খোঁজে অভিযান—
করবে সন্ধান, বাঁচাবে অবস্থান
মানবে হার, জয়ের পরে—
ফিরবে সে আবার ঘরে।

শতাব্দী পেরিয়ে যায়—
তবু বেঁচে থাকে পুরুষ।
আগুনের সাথেও খেলা করে!
জ্বলন্ত চিতাতেও লড়ে যায়!
অমসৃন বাস্তবেও দেয় সে শান!
মহান! সে সর্বাগ্রে মহান!

ভরা যৌবনে হাড় ভাঙা হাত
লিখে যায় আলোয় ভরা রাত,
তবু পুরুষ জেগে থাকে!
ভোরের অপেক্ষায়—
অভিশপ্ত বয়সের দুর্বল দৃষ্টি
উত্তাপ পেতে চায়, ঘন কুয়াশায়।
পুরুষ বেঁচে থাকে...।।

17-04-2019

মুক্তি

কৃতজ্ঞতাভরা শ্রদ্ধা

এই যে সহজ-সরল ভাষা
শুধু একটুখানি কৃতজ্ঞতাভরা শ্রদ্ধা—

শেষ হয়েছে দেখি হাতের
সকল অঙ্ক কষা ঘর,
অবস্থান যখন অন্তিম সময়ে
অন্তিম ঋতুতে অন্তিম বছর।

নতুন বছরটাতে পুরাতন হতাশা ভুলে—
ভরাট আঘাতের ক্ষতস্থান,
ছিল যেসব "নতুনের চিন্তা, নতুনের ভাবনা" ডায়েরির কোলে
সকলই দিলেম ভালোবেসে নবীনেরে।

আবার দেখি, এতদূর পথ হেঁটে এসে
একলা হয়ে কাঁদে আমার সেই— 'এক যে ছিল গল্প'!
অব্যক্ত স্বপ্নেরা একেবারে নিঃসঙ্গ!
যারা আজও অপেক্ষায় আমার এতদিন ধরে।

তাকিয়ে রই আর ভালোবাসা জাগে গুনতে গুনতেই—
অগণিত জোনাকি। ফের আঁকি ওই রাতের আকাশে।
সারা রাতের সাক্ষী যারা ঘুম পাড়াত ডেকে—
তারা হয়ে তাঁরাও এলো, গোনার অবকাশে।

আর শেষ দমে পাল তুলি
জাদুর দেশের খোঁজে—
দাঁড়গুলি টানি জোরে— আরো জোরে
"হেইয়া! হেইয়া!" ধ্বনিতে।

চোখ বুজে যখন দৃষ্টিপাত হয়
কেটে যাওয়া লাল রঙের ঘুড়িটাতে—
কোনো লাঠিওয়ালা বুড়োর হাত ধরে তখন
নীল দেশেতে ছেড়ে দেই তাকে উড়তে।

01-01-2017

বাবা তুমি মহান

কোনো অজুহাত না দেখিয়ে
গেলে তুমি কতো কি আমাকে শিখিয়ে!
আমি আছি কতো ঋণে দেখো জড়িয়ে—
কিভাবে আমি তা তোমায় দেবো ফিরিয়ে!

আজ মন ঘিরে শুধুই অবসাদ—
জীর্ণ দেহে পড়ছে বজ্রপাত!
বেরং সুরে ডাকছে আগামী—
অসহায় শুধু এটুকুই জানি!

শক্ত কাঁধে হাজার বোঝা
বয়েছ তুমি অবিরাম—
তোমার চরণ মাথায় নেবো,
বাবা তুমি মহান!

নির্ঘুম রাতে, যন্ত্রের সাথে
বলতে আমায় "রে খোকা
নির্ভয়ে-চিন্তনে মগ্ন যদি—
তবে, পাবি তুই স্বপ্নের দেখা।"

স্বপ্ন আজ হাতের মুঠোতে,
হাতের ফাঁকে তুমি শুধু নেই!
কোথা গেলে পাবো আজকে তোমাকে—
নির্ঘুম চোখে স্বপ্ন শুধু সেই!

মা

কতদিন ধরে বুকের মাঝে
রেখেছ, আমায় বললে না যে—
চলে গেলে কোন আকাশে!
আমি খুঁজি-ফিরি চারিপাশে—

ফের হঠাৎ, কোনো সন্ধ্যে নামলে—
দ্রুত শ্বাস! আমার শরীর ঘামলে,
মেঘ গলে বৃষ্টি আসে—
জানি, মন ভাসে তাঁর বাতাসে।

নেই— তবু তো তুমি দিগন্তে জানি,
সেই আলোকে তোমার শুনেছি বাণী!
তুমি মিলে গেছো আজ আমাতেই মা—
আমি তুমি ছাড়া আর কিছুই না!

স্বার্থের খোঁজে কোথা হারিয়ে গেলো—
তুমিহীন জীবন আমার বৃথা-ই হলো!
তোমায় খুঁজতে গিয়ে, কোনো গড়েছি যে প্রতিমা—
মা, আমার এ ভুল করে দিও ক্ষমা।

ফের রাতে কভু ঘুমের আড়ালে
স্বপ্ন-পরী কোনো হাত বাড়ালে,
ছুঁয়ে যায় তাঁরই মমতা—
ঘুম শেষে শুধু শূন্যতা!

প্রমোদিনী স্কুল প্রণাম জানাই

একদা, তুমিই তো দ্বিতীয় ঘর ছিলে—
আজ, তোমার থেকে আমরা অনেক দূরে!
অর্ধশতবর্ষে তোমায় প্রণাম জানাই,
নাও আরেকটি বার আপন করে—

সব স্মৃতির অঙ্গনে সেরা স্মৃতি তুমি!
আমাদের শিক্ষা জ্ঞানের অমূল্য জন্মভূমি—
আমাদের পাঁচকোলগুড়ি প্রমোদিনী উচ্চ বিদ্যালয়
সব আলোকিত হোক, তোমার জ্ঞানের আলোয়।

এগারোটা বেজে প্রার্থনাটা সেরে
বেজে ওঠে বেলের ঘন্টা—
কাঁধে হাত দিয়ে, বন্ধুর আদরে
শুরু হতো প্রথম ক্লাসটা।

টিফিনের ফাঁকে, রেলিং পেরিয়ে
বখাটে ছেলের স্কুল-ছুট!
ছুটি সম্মুখে, ক্লান্ত বদনে
হাসি ফোটাত বাবলুর ডাল-মুট!

বঙ্কিম স্যারের হাতের দেওয়া বারী—
আজ বুঝি তাঁর দামটা!
মনে পড়ে, সূর্য স্যারের খেলা ক্লাসের
অমূল্য উপদেশটা!

মনে পড়ে— জয়ন্ত স্যারের আবৃতি,
রঞ্জিত স্যারের নেওয়া ক্লাসটা,
প্রকাশ স্যারের ইতিহাস বিবৃতি—
প্রিয় মিঠু ম্যামের সানগ্লাসটা।

এই দুটি সময়ের ব্যবধানে
বৃহৎ আমাতে সমন্বিত জ্ঞানটা!
আজও খুঁজে পাই তোমায় রোমন্থনে—
ভালোবাসি সোনার স্মৃতিটা।

হারিয়ে গেলেও সে কৈশোর দুপুর—
অজানা কাদের ব্যস্ত মরশুম!
প্রাক্তনী সকল ভুলেছে যাতায়াত,
তবু, চিরাদিন জেগে থাকুক তোমার ক্লাসরুম।

07-01-2018

অদম্য ইচ্ছে

অন্তর্ভাগে সঞ্চাকারে গুছিয়ে রাখি—
অদম্য ইচ্ছে কিছু আমার,
বাঁধন ছিঁড়ে, অন্য বাঁধনে
বাঁধবো নিজেকে ফিরে আবার।

আবার প্রাণখোলা হাসিতে
উড়িয়ে দেবো— সকল অর্জিত অনুভব!
করবো কোলাহল নবীন প্রাপ্তির—
সন্ধান-সুখীর উঠবে রব!

ভব ভগতে চিনবো জীবন
হবে তারই কিছু আলোড়ন—
সকল ধরণী জুটাবো নিকটে,
সকলই হবে আপনজন।

নয়তো আগামী প্রাণ বিনা 'আমি'-তে
জাগবে পেয়ে পরশ আমার—
নব দিগন্তে, প্রথম প্রভাতে
উদীয়মান রবি রূপে হব মহত্তম উদার!

09-02-2017

সুন্দরতম সূর্যাস্ত সর্বকালের

আজ পাখির গানে ক্লান্তির আভাস নেই—
সবাই তারা খুশি মনে বাড়ি ফিরেছে,
উষ্ণতার বাঁধ ভেঙে উড়ে গেছে সাদা মেঘ—
কামিনীর স্পর্শে বাতাসও স্নিগ্ধ সুগন্ধে মেতেছে!
তুমি মিশে আছো ওই সীমান্তের গোধূলিতে-
এই কিছু মুহূর্তের জন্য আকাশ জুড়ে তুমি আমার!
তার প্রতিবিম্ব, কালো হ্রদের জলকেও গ্রাস করে যায়-
এমনকি, নির্বোধ হাঁসটাও এতে ডুব দিয়ে ডোবে
পরম শান্তির আধ্যাত্মিকতায়!
নীরব ঝোপগুলি প্রাচীন ইজিপ্টিয় সুরের মতো কিছু শুনতে চায়-
ঠিক আমি এখন যা শুনছি,
চোখের কাছে অন্ধকার ঘনিয়ে আসে ক্রমে!
তবুও আমার মন বলে যায়—
"এটি সুন্দরতম সূর্যাস্ত সর্বকালের"।

12-12-2022

সময় করেছি স্থির

তুমি কিসের তরে ঘর বাঁধো—
রং-তুলিতে আঁকো স্বপ্নগুলি!
এ সময় রইবে কি চিরকাল?
ভৈরবীতে অমর কি সে গোধূলি!

আমি পথিক সময়ের পথে—
অসময়ে এলেম কবে কি জানি!
জানি যেতে হবে, ফুরালে এ বেলা—
যখন ফুরাবে সকল গ্লানি।

দুঃখ-সুখের দুদিনের নীড়,
কতো আসা-যাওয়া, তাহাদের ভিড়!
আমি সময়ের পথে চলতে চলতে—
সময় করেছি স্থির!

তবে, তুমি আমার জন্য জ্বালো আলো—
শক্ত করে স্বপ্ন রাখো আগলে,
একটু ভালোবাসাই রইবে স্মরণে—
কোনো পুনর্জন্মের প্রাক্কালে।

06-06-2019

মুক্তি

আর জিতে গেছি এ যুদ্ধে আমি—
চাওয়া-পাওয়ার ভিড় হতে নিলাম প্রস্থান,
ফুরোল স্বপ্ন, হয়েছি নিজেই অজানা কোনো স্বপ্ন!
মনে রেখো বা ভুলে যাও, তবে—
নিশ্চিত তুমিও যে, আমি আজ নিষ্প্রাণ।

চারিদিকে চেয়ে দেখো— পথ-ঘাট, স্কুল-মাঠ
আম বাগানের আমের কুড়ি,
ছোটো শিশুর খেলনা বাটি,
অথবা নববধূর হাতের চুড়ি,
সকলই আছে আগের মতন—
ফুলের বাহার বা সোনার গড়ন।

ব্যাথা সকল নিয়েছে বিদায়— চিরবিদায়,
প্রশান্তি আজ ফুটে উঠেছে চারিদিকে নির্দ্বিধায়!
একটা সুরেলা সঙ্গীতের রূপে উড়ছি আমি আকাশে—
আমাকে বেঁধে রাখার পাবে না আর কোনো উপায়!

জানি সহজ নয়, কঠিন! মন থেকে মুছে ফেলা নিমেষে—
স্মৃতির আগমন রুখে সুখের কথা বলা—
চোখের পলকে কাউকে হারানো এরূপে!
আগামীকাল, বেসো ভালো পুনর্জন্মের পর—
অর্থহীন এ সহানুভূতি, তুলসী-ফুল আর পোড়া ধূপে।

08-06-2020